dtv

Wer kennt nicht den Rhein – doch wie viele kennen mehr als seine Loreley-Romantik oder die übliche Besichtigungsstrecke zwischen Mainz oder Bingen und Köln oder Bonn? Wir begleiten Christian Graf von Krockow auf seiner Schiffsreise den Rhein hinab. Landschaften und ihre Geschichte, Städte, Burgen und Gestalten – scheinbar Vertrautes läßt der Autor vor unserem Auge gleichsam neu entstehen: »Die Schiffsreise erschließt das noch Unbekannte, und sogar das längst Gewohnte läßt sie uns im Reiz des Kontrastes mit anderen Augen sehen, fast als sei es ganz neu. Am Ende, vom sanften Dahingleiten wie im Traum umfangen, nähert man sich keinem Ziel, sondern einem Zeitgefühl, das nicht vom Fortschreiten und Zurückbleiben, sondern von den Anfängen, von der Dauer und der Wiederkehr redet.«

Christian Graf von Krockow, geboren 1927 in Pommern, seit 1969 als freier Wissenschaftler und Schriftsteller tätig, hat zahlreiche, sehr erfolgreiche Bücher veröffentlicht, zuletzt: »Bismarck« (1997), »Der deutsche Niedergang« (1998), »Churchill« (1999), »Kaiser Wilhelm II. und seine Zeit«, »Die neuen Deutschen« (1999).

Christian Graf von Krockow

Die Rheinreise

Landschaften und Geschichte
zwischen Basel und Rotterdam

Unter Mitarbeit von
Alexander-Pascal Graf von Krockow

Deutscher Taschenbuch Verlag

Von Christian Graf von Krockow sind im
Deutschen Taschenbuch Verlag u. a. erschienen:
Die Stunde der Frauen (30014)
Fahrten durch die Mark Brandenburg (30381)
Von deutschen Mythen (36028)
Vom lohnenden Leben (36158)
Die Elbreise (30754)

März 2000
Deutscher Taschenbuch Verlag GmbH & Co. KG,
München

(ISBN 3-87203-255-0)
Umschlagkonzept: Balk & Brumshagen
Umschlagbild: »Oberwesel am Rhein mit Burgruine Schönburg«
(1832) von Johann Heinrich Schilbach (© AKG, Berlin)
Typographische Gestaltung: Brigitte Müller
Reproduktionen und Satz: Fotosatz Sauter, Donzdorf
Druck und Bindung: C.H. Beck'sche Buchdruckerei, Nördlingen
Gedruckt auf säurefreiem, chlorfrei gebleichtem Papier
Printed in Germany · ISBN 3-423-30753-6

Inhalt

Das Einzugsgebiet des Rheins gehört zu vieler Herren Länder. Eben damit bilden der Rhein und seine Nebenflüsse mit ihren Landschaften, ihrer Geschichte und Gegenwart ein Herzstück Europas.

Anstiftung zur Rheinreise

Jeder kennt ihn, und alle haben ihn schon besucht: Der Rhein, so scheint es, lohnt das Hinschauen kaum noch. Wer jedenfalls im Intercity-Zug zwischen Mainz und Bonn seine Mitreisenden beobachtet, sieht sie dösen, Akten studieren oder Zeitungen lesen. Fast niemand genießt, was seitab dem Auge sich bietet. Nur die Japaner bilden eine Ausnahme; schließlich sind sie um die halbe Welt geflogen, um zu prüfen, ob die Wirklichkeit dem entspricht, was sie in der Schule erlernten.

Freilich ist die Bahn nicht zum Verweilen und Genießen, sondern zum schnellen und bequemen Ankommen gemacht. Darum verschwindet sie in einem Tunnel, wo es am schönsten ist, oder Baumgruppen, Hausdächer, Fabriken verstellen die Aussicht. Doch wenn man ins Auto umsteigt, wird es nicht besser, sondern schlimmer, und wer nicht verunglücken will, wie Heinrich Heines Schiffer vor der Loreley, der muß auf die Verkehrsklippen achten. Selbst das Wandern erweist sich als mißlich. Zwar gibt es hier oder dort einladende Uferpromenaden; die von Koblenz zum Beispiel läßt sich ohne Vorbehalt empfehlen. Auch Bonn wäre zu rühmen, und aus der Altstadt von Köln gelangt man ohne Beschwerden zum Fluß, seit man die Autoströme in eine Rohrleitung verbannte. Aber nirgendwo führen die Wege ins Weite, nur zu bald gerät man an Grenzen, hart nebenan dröhnt dann wieder der Massenverkehr, oder Tanklager und Campingplätze verstellen den Pfad.

Als bekömmliche Alternative bietet sich die Schiffsreise an, und sie vereint so viele Vorteile, daß man sich fragt, warum diese Möglichkeit nicht weit stärker genutzt wird, als es tatsächlich geschieht. Erstens befindet man sich stets dort, wo man sein möchte, auf dem Strom. Nichts verstellt die Ufer und die Ausblicke flußauf und flußab.

Entscheidend wichtig ist zweitens, daß man langsam dahingleitet. Schiffe, so scheint es, sind noch für menschliche Maße gemacht; es bleibt die Zeit, die man unbedingt braucht, damit sich Bilder zu Eindrücken verwandeln. Darum, mit Verlaub, stellt das bis zu 70 Stundenkilometer schnelle Tragflügelboot »Rheinjet« eigentlich eine Verirrung dar, und recht geschah's ihm, als es sich gleich nach seiner Indienststellung in einen Auffahrunfall verwickelte. Viel angemessener wirken die ehrwürdigen Schaufelraddampfer »Goethe« (Baujahr 1913) und »Krippen« (Baujahr 1892), die nach ihrer Restaurierung wieder in Betrieb gingen und bei der Bergfahrt allenfalls 16 beziehungsweise 11 Kilometer pro Stunde erreichen.

Drittens führt man, wie die Schnecke ihr Schneckenhaus, sein eigenes Hotel gleich mit sich, ein Daheimsein beinahe: Das ständige Aus- und Einpacken in ungewohnter Umgebung entfällt wie das Kofferschleppen, dessen sonst niemand mehr sich erbarmt. Zuverlässig werden wir umhegt und mit Gaumenfreuden verwöhnt. Wo das Schiff anlegt, warten schon kundige Fremdenführer. Man kann sich ihnen anvertrauen, aber man muß es nicht; nichts stört das Behagen, nach eige-

Der Niederrhein, eine Idylle ganz eigener Art:
Jan van Goyens »Flußlandschaft« aus dem Jahre 1652.

nem Ermessen zu tun oder zu lassen, was man möchte.

Zur Verarbeitung der Eindrücke trägt viertens bei, daß man sie austauscht. Man lernt seine Mitreisenden kennen, und im Medium der Muße beginnt und gedeiht wie von selbst, was wir im Alltagsgetriebe so oft und so bitter entbehren: das gute Gespräch, das uns beschwingt und reicher macht. Erfahrungen, ganze Lebensläufe werden ausgetauscht, aber nicht sorgenschwer, sondern heiter beim Wein, indessen der Tag, der Abend sich unmerklich in die Nacht verliert.

Fünftens: Im Wortsinne erfährt man den ganzen Rhein, jedenfalls soweit er von seiner Mündung bis nach Basel hinauf schiffbar ist, und nicht nur den einen oder anderen, längst abgegriffenen Postkartenausschnitt.

Bloß als Anmerkung oder zur Einführung: Die nach amtlicher Weisheit gezählten Stromkilometer werden an der Rheinbrücke von Konstanz mit ihrer Anfangsnull markiert. Doch die Bodenseereise endet vor dem Rheinfall von Schaffhausen. Die eigentliche Schiffahrt beginnt in Rheinfelden beim Stromkilometer 149,2; die mittlere Rheinbrücke von Basel befindet sich beim Stromkilometer 166,6. Unterwegs beim eidgenössischen Koblenz, Stromkilometer 102,5, nimmt der Rhein die Aare auf, die weitaus mächtiger sich darstellt und darum höchst ungerecht ihren Namen verliert: Bei

Konstanz beträgt der durchschnittliche Wasserabfluß 333 Kubikmeter pro Sekunde. Hier aber, bei diesem Koblenz, verdreifacht er sich auf 1004 Kubikmeter. Hier bereits wird der Rhein zum wirklichen Strom, der mehr Wasser führt als die Elbe bei Hamburg oder die Donau bei Passau. Hinter Rotterdam mündet der rheinische Schiffahrtsweg dann beim Flußkilometer 1035 in die Nordsee.

Hand aufs Herz: Wer kennt eigentlich mehr als die übliche Besichtigungsstrecke zwischen Mainz oder Bingen und Bonn oder Köln? Wer wirklich den Nieder- und den Oberrhein? Die Schiffsreise erschließt das noch Unbekannte, und sogar das längst Gewohnte läßt sie uns im Reiz des Kontrastes mit anderen Augen sehen, fast als sei es ganz neu.

Am Ende, vom sanften Dahingleiten wie vom Traum umfangen, nähert man sich keinem Ziel, sondern einem Zeitgefühl, das nicht vom Fortschreiten und Zurückbleiben, sondern von den Anfängen, von der Dauer und der Wiederkehr redet. Ströme führen die Menschen zu ihresgleichen und zu sich selbst, ihrem Schicksal entgegen. Sei es am Yangtze Kiang und Hoang Ho, an Euphrat und Tigris oder am Nil: Immer schon wurden an Flüssen die Kulturen, die Völker begründet, von denen dann die Sagen und die Geschichte erzählen. Und so auch am Rhein.

Die Prinzessin von Preussen

Wir besteigen unser Schiff, die »Prinzessin von Preußen«, in Amsterdam. Sie ist eine ebenso elegante wie stattliche Dame, mit einer Länge von 110 und einer Breite von 11,20 Metern, bei einem Tiefgang von nur einem Meter. Die Abmessungen haben mit den Bedingungen der Flußschiffahrt zu tun, zum Beispiel mit dem Niedrigwasser, mit dem man manchmal rechnen muß, und mit der Größe der Schleusen, die zu durchfahren sind. Es gibt 69 Kabinen für maximal 142 Passagiere, einen schönen Speisesaal, die gemütliche Lounge, dazu Bar, Friseursalon, Boutique und nicht zuletzt das langgestreckte Sonnendeck, auf dem man promeniert oder im Liegestuhl ruht und beobachtet, was so vielgestaltig dem Auge sich bietet. Übrigens ist die »Prinzessin« noch recht jung; 1991 wurde sie in Dienst gestellt, und sie stammt aus England – wie schon die preußische Prinzessin Viktoria, die Tochter der englischen Königin Victoria und Mutter Kaiser Wilhelms II.

»Aber warum ausgerechnet hier eine ›Prinzessin von Preußen‹?« fragt mich jemand, so als sei ich zuständig dafür, es zu wissen. »Was sagen denn die

Niederländer zu solch einem Namen? Oder die Franzosen, wenn wir in Straßburg anlegen?«

Gleich noch eine Frage ließe sich bedenkenschwer anfügen: Was sagen die deutschen Rheinländer? Im Jahre 1815 hat man sie zu Preußen gemacht; der Wiener Kongreß hat es so entschieden, und eigentlich keinem der Beteiligten war das recht. Preußen hätte seine Hand viel lieber auf das Königreich Sachsen gelegt, aber weil das nicht zu haben war, bildete das Rheinland den Ersatz.

Die Rheinländer selbst bekreuzigten sich, wie der Kölner Bankier Schaaffhausen: »Jesses, Maria, Josef! Do hirohde [heiraten] mer in n'ärm Famillich!« Um den Abstand des Wohlstands und der Kultur zu markieren, nannte man die Beamten aus dem Osten, mit denen man nun umgehen mußte, kurzweg »die Litauer«. Noch weiter führt, was Konrad Adenauer zugeschrieben wird. In der Zeit der Weimarer Republik fiel dem Kölner Oberbürgermeister der Vorsitz im Preußischen Staatsrat zu und damit die Pflicht, nach Berlin zu fahren. Es wird berichtet, daß, wenn sein Schlafwagenzug die Elbe überquerte, er sich im Bett umdrehte, bekreuzigte und murmelte: »Jetzt beginnt Asien.«

Ob nun wahr oder bloß gut erfunden: Die Geschichte wirft ein Schlaglicht auf das rheinische Selbstbewußtsein. Schließlich waren schon im Jahre 55 vor Christus Cäsars römische Legionen an den Strom gekommen, und ihre Nachfolger waren für ein halbes Jahrtausend geblieben. Sie hatten mit dem Rhein oder mit dem Limes, der in Teilstücken ein wenig, aber wirklich nur ein wenig darüber hinaus vorgeschoben wurde, die Grenze zwischen Kultur und Barbarei markiert: Hier Ordnung, Städte- und Straßenbau, Handwerk und Handel, Theater, Wasserleitungen und Badeanstalten, dort Wälder und Sümpfe und eben barbarische Völkerschaften, die sogenannten Germanen.

Was also sollten die Rheinländer von den Preußen halten? Der Dichter aus Düsseldorf, Heinrich Heine, als er aus seinem Pariser Exil nach Hamburg reiste und unterwegs preußische Soldaten sah, notierte:

»Noch immer das hölzern pedantische Volk,
Noch immer ein rechter Winkel
In jeder Bewegung, und im Gesicht
Der eingefrorene Dünkel.

Sie stelzen noch immer so steif herum,
So kerzengerade geschniegelt,
Als hätten sie verschluckt den Stock,
Womit man sie einst geprügelt.«

Umgekehrt sah es kaum besser aus. Willig hatten sich die Rheinländer unter die napoleonische Herrschaft gefügt; sie erschienen als zweifelhafte Patrioten. Der Oberpreuße aus Sachsen und »Herold der Reichsgründung«, Heinrich von Treitschke, schrieb daher in seiner »Deutschen Geschichte im 19. Jahrhundert« über die Zeit um 1815: »Jetzt schon ließ sich erkennen, wie viel schwere Arbeit dereinst noch nötig sein würde, um diese halbverwälschten Krummstabslande wieder einzufügen in das neue deutsche Leben.« Sogar ein Mann von ganz anderem Zuschnitt, der jüdische Preuße und deutsche Patriot Walther Rathenau, hat gesagt: »Zieht Preußen von Deutschland ab: Was bleibt? Der Rheinbund. Ein verlängertes Österreich. Eine klerikale Republik.«

Ganz so ist es dann doch nicht gekommen, als man Preußen tatsächlich abzog. Konrad Adenauer ist zum prägenden Gründungskanzler der Bundesrepublik und Bonn zur Hauptstadt geworden. Alles spricht dafür, daß Historiker im Rückblick auf das Halbjahrhundert der Regierung vom Rhein einst sagen werden: Das war eine gute Zeit – jedenfalls für die Westdeutschen.

Unsere Altherrenbedenken auf der »Prinzessin von Preußen« führen zu einer scharfsinnigen Schlußfolgerung: Unmöglich kann diese Dame der Köln-Düsseldorfer Deutschen Rheinschiffahrt AG gehören, die auf Rhein, Main und Mosel die meisten Personenschiffe unterhält. Nein, wirklich nicht: Unsere Prinzessin wird von den Reederei Peter Deilmann betrieben, die ihren Sitz weitab an der Ostsee, im holsteinischen Neustadt hat. Aber gleich schließt noch eine vertrackte Frage sich an:

Welche Prinzessin von Preußen ist eigentlich gemeint? Es gab doch wohl mehrere. Die berühmte Luise scheidet aus, denn die war als Gemahlin Friedrich Wilhelms III. die Königin von Preußen und vor ihrer Heirat eine Prinzessin von Mecklenburg-Strelitz. Für die vier kurzen Jahre zwischen Luises Hochzeit und Thronbesteigung läßt sich eine nennenswerte Beziehung zum Rheinland nicht nachweisen.

Die »Prinzessin von Preußen« auf ihrer Fahrt von Amsterdam nach Basel: Im schwimmenden Luxushotel kann man die Rheinreise wirklich genießen.

Die Nachfrage bei der Schiffsleitung führt zu keinem Ergebnis, eine Broschüre der Reederei schlägt dagegen Ulrike als Namenspatronin vor, »die schöne, liebenswürdige, geistvolle Schwester Friedrichs II., des Großen«. Nur heiratete sie den König von Schweden. Zwar sind ihre Verdienste unbestritten: Sie gründete die Stockholmer Akademie der Schönen Literatur, die inzwischen alljährlich von sich reden macht, wenn sie den einschlägigen Nobelpreis verleiht. Aber was verbindet die nordische Hauptstadt mit dem Rhein?

Wir einigen uns schließlich darauf, daß in Wahrheit nur Augusta gemeint sein kann, die Gemahlin Wilhelms I. 1811 in Weimar geboren, im Bildungshorizont der Goethezeit aufgewachsen, dachte sie liberal. Im Rheinland wurde dieses Denken noch einmal verstärkt: Von 1849 bis 1854 lebten der Prinz und die Prinzessin von Preußen in Koblenz; Wilhelm I. übernahm dort das Amt eines General-Gouverneurs der Rheinlande. Daher auch seine Vorliebe für das benachbarte Bad Ems, aus dem Wilhelm, inzwischen der König von Preußen, 1870 die berühmte »Emser Depesche« schickte, die, von Bismarck zielbewußt gestutzt und veröffentlicht, 1870 zum Krieg mit Frankreich führte.

Bismarck hat die Frau an Wilhelms Seite gehaßt, als sei sie sein böser Geist gewesen. Im Zusammenhang mit der Emser Affäre redet der Reichsgründer in seinen »Gedanken und Erinnerungen«

erst von ihrem »Mangel an Nationalgefühl« und schreibt dann: »Man hat mir erzählt, daß die Königin Augusta ihren Gemahl vor seiner Abreise von Ems nach Berlin in Tränen beschworen habe, den Krieg zu verhüten in Andenken an Jena und Tilsit [die preußische Niederlage im Kampf gegen Napoleon]. Ich halte die Angabe für glaubwürdig bis auf die Tränen.«

Aber womöglich haben sich die Perspektiven verändert, nachdem Bismarcks Werk im Unheil der Weltkriege versank. Und wenn schon seit dem einst gefeierten Sedantag, dem 2. September – jetzt des Jahres 1993 –, Wilhelm der Siegreiche am Deutschen Eck von Koblenz wieder in eine ungewisse Zukunft reitet, dürfte es um so angemessener sein, mit der recht verstandenen Prinzessin von Preußen den Rhein zu befahren. Den Bürgern von Koblenz jedenfalls ist sie mit ihrer Wohltätigkeit ebenso im Gedächtnis geblieben wie mit der Anlage eines schönen Parks. Wer ihn durchwandert, trifft auf das Denkmal Augustas, das die Dankbarkeit ihr gestiftet hat.

Am Niederrhein

Die erste Fahrtstrecke der »Prinzessin von Preußen« führt über 102 Kilometer von Amsterdam nach Rotterdam. Eine komplizierte Verbindung: Auf den Amsterdam-Rhein-Kanal über Utrecht bis Nieuwegein folgt der Weg zum Lek, den wir durch eine Schleuse erreichen; auf dem Lek fahren wir bis zur Einmündung der Noord und schließlich über die Nieuwe Maas bis zum Ziel. Es scheint, als ziehe eine Art von Spielzeugland vorüber, von Kühen, Schafen, Radfahrern und Anglern bevölkert, mit kleinen, oft winzigen, doch adrett herausgeputzen Häusern bebaut. Nur die Kirchen ragen großmächtig empor; sie zeugen vom einstigen Glaubenseifer der Calvinisten und ihrer unbeugsamen Selbstbehauptung gegenüber der spanisch-katholischen Weltmacht.

Der Glaube begründete indessen nicht nur die Unabhängigkeit der Nation, sondern beflügelte zugleich ihre Geschäftstüchtigkeit. Er schuf eine Seemacht von Rang. Bis heute sind die Niederländer zu Wasser und zu Lande die Fuhrleute Europas geblieben, die alle Nachbarn und besonders die Deutschen darüber klagen lassen, daß sie nur mit Mühe mithalten können. Von der Geschäftigkeit überzeugt eine Bootsrundfahrt in Rotterdam, das den Rheinverkehr mit dem Hochseehafen glücklich verbindet. Massengüter von fast 300 Millionen Tonnen und etwa 4 Millionen Container werden jährlich hier umgeschlagen; man rechnet mit weiterem, womöglich stürmischem Zuwachs. Niemand sonst in Europa kann sich damit messen.

Wer das historische Holland sucht, findet es gleich nebenan in Delft, das einst durch seine Kacheln, vornehmer ausgedrückt durch die Delfter Fayenzen berühmt wurde. Die grachtenreiche Altstadt stellt die wohl am besten erhaltene Anlage dar, die man in den Niederlanden finden kann. Nur spricht sie in ihrem Kern nicht vom Mittelalter, wie etwa Rothenburg ob der Tauber oder Lübeck, sondern von der frühen Neuzeit. Darin spiegelt sich eine historische Verschiebung: Als für die meisten deutschen Reichs- und Hansestädte der Niedergang längst begonnen hatte, erlebten die Niederlande nach der Entdeckung Amerikas und des Seeweges um Südafrika herum nach Indien und Ostasien im 16. und 17. Jahrhundert ihr goldenes Zeitalter. Geschichte überall: Im Prinzenhof residierte Wilhelm I. von Oranien, der Gründervater der Niederlande – und wurde im Jahre 1584 dort ermordet; die gotische Nieuwe Kerk enthält die Familiengruft des Hauses Nassau-Oranien.

Daß Schönheit und Modernität sich nicht ausschließen, zeigt die Erasmusbrücke, unter der die »Prinzessin von Preußen« hindurchgleitet, als wir kurz vor Mitternacht Rotterdam verlassen, um die

An Flüssen brauchen wir Übergänge, und auch moderne Konstruktionen können so hinreißend schön sein wie die Erasmusbrücke von Rotterdam.

eigentliche Rheinreise anzutreten. Diese Brücke stellt die eleganteste Konstruktion der Gegenwart dar, die man bis hinauf nach Basel findet. Erst 1996 wurde sie eingeweiht, und nur ein modisches Laser-Geflacker stört das eindrucksvolle Bild.

Nach einer Zwischenstation in Middelburg passieren wir die deutsch-niederländische Grenze beim Flußkilometer 862. Unmengen von Schiffen begegnen uns; nicht selten kann man sie im Blick stromauf und stromab gleich im Dutzend zählen. Man sieht Schubverbände, Schleppzüge und Einzelschiffe. Manchmal ragen sie hochbordig empor, oft aber liegen sie, schwerbeladen, so tief, daß man meint: Eigentlich müßte die nächste, vom Gegenverkehr aufgeworfene Welle sie überrollen und versenken. Es geschieht nur nicht; trotz der Unfälle, die dann und wann und meist hochdramatisch verzeichnet werden, bietet der Verkehr übers Wasser weitaus mehr Sicherheit als der zu Lande.

Zu einer unromantischen Betrachtung gehört das Eingeständnis, daß der Rhein vor allem einen internationalen Verkehrsweg, eine Art von Wasserautobahn darstellt. Rotterdam, nicht Hamburg, ist der für Deutschland wichtigste Hochseehafen, Duisburg der größte Binnenhafen der Welt. Und beinahe achtzig Prozent, 48,1 von 61,8 Millionen Tonnenkilometern des deutschen Güterverkehrs auf Binnenwasserstraßen verzeichnete 1994 das

Rheingebiet. Zum Vergleich: Die Bundesbahn leistete 71,8, der Straßenfernverkehr (1993) 146,4 Millonen Tonnenkilometer. Doch das sind Zahlen für ganz Deutschland; mit der Transportleistung auf dem Rhein kann sich kein anderer Verkehrsweg messen. Dabei zeigt sich im Vergleich zu den anderen Verkehrsträgern die Schiffahrt als umweltfreundlich und energiesparend – und als höchst rationell noch dazu: Im Jahre 1993 nennt die Statistik für Wasserstraßen, Häfen und Schiffahrt

Immer schon haben Flüsse Frachten getragen.
Der Rhein aber, nüchtern betrachtet, stellt heute
eine dicht befahrene Wasser-Autobahn dar.

(einschließlich der Hochseeschiffahrt) 42000 Beschäftigte, für die Eisenbahnen 233000, für den »übrigen« Verkehr 839000.

Ein halbwegs bequemer und gerader Wasserweg ist der Rhein freilich nicht immer gewesen. In seinem ungefähr heutigen Verlauf gibt es ihn seit etwa 10000 Jahren, erdgeschichtlich betrachtet einen sehr jungen und entsprechend ungebärdigen Springinsfeld. Mit seinen Mündungsarmen verlagerte er sich von Norden nach Süden und schuf damit erst in neuerer Zeit die Chance, die Rotterdam heute wahrnimmt. In allen Niederungen mäanderte er ohnehin nach Kräften, wand sich hin und her, schlug Haken, grub sich hier bedrohlich an Dörfer und Städte heran, warf dort tückische Sandbänke auf. Große Anstrengungen waren nötig, um ihn zu zähmen, und niemals darf die Aufmerksamkeit nachlassen. Die Niederländer zum Beispiel hatten sich in den letzten Jahrzehnten fast ganz dem Meer zugewandt. Nach der Flutkatastrophe vom 31. Januar 1953, die 1835 Menschen das Leben kostete, begannen sie im Mündungsdelta des Rheins das größte Wasserbauprojekt der Geschichte; es wurde 1986 vollendet. Aber dann gab es auf einmal eine Hochflut am Niederrhein, und ganze Gebiete mußten geräumt werden, weil die lange vernachlässigten Binnendeiche aufweichten und zu brechen drohten.

Am deutschen Niederrhein kennt man noch

immer Johanna Sebus. Goethe schrieb eine Ballade »zum Andenken der siebzehnjährigen Schönen, Guten aus dem Dorfe Brienen, die am 13. Januar 1809 bei dem Eisgange des Rheins und dem großen Bruche des Dammes von Cleverham Hilfe reichend unterging«. Sogar Napoleon schloß sich dem Dichter an und ließ – am linken Ufer des Griethauser Altrheins, sechs Kilometer diesseits der niederländischen Grenze – ein Denkmal erbauen, mit der Inschrift: »Johanna Sebus, ein siebzehnjähriges Mädchen, rettete im Jahre 1809 bei einem Deichbruch ihre kranke Mutter aus den Fluten des Rheins. Danach stürzte sie sich wieder in den Strom, um eine Frau mit ihren Kindern dem Tod zu entreißen. Sie kam dabei um. Dieses Denkmal wurde zu ihrem Andenken errichtet im Jahre 1811.« Auf der anderen Seite des Denkmals findet man den gleichen Text in französischer Sprache. Inzwischen eilen zur Lebensrettung Hubschrauber herbei, aber besser ist es wohl, wenn man sie gar nicht erst einsetzen muß.

Um noch einmal auf die Geschichte der Schifffahrt zurückzukommen: Ihr modernes Zeitalter begann im Jahre 1816. Am 13. Juni berichtete die »Kölnische Zeitung« von der Sensation des Vortages: »Ein ziemlich großes Schiff, ohne Mast, Segel und Ruder, kam mit ungemeiner Schnelle den Rhein heraufgefahren. Die Ufer des Rheins und die hier vor Anker liegenden Schiffe waren in einem Augenblick von der herbeiströmenden Volksmenge bedeckt. Das die allgemeine Neugierde reizende Schiff war ein von London nach Frankfurt reisendes englisches Dampfschiff.«

Es handelte sich um einen Schaufelraddampfer, dessen Maschine stolze 14 Pferdestärken leistete, mit dem passenden Namen »Defiance« – deutsch »Herausforderung« oder »Trotz«. Gegen die Strömung hatte man von Rotterdam bis Köln viereinhalb Tage benötigt. Zuvor mußten die Schiffe bergwärts mühsam getreidelt, also an Schleppleinen oder Ketten teils von leibhaftigen Pferden, teils mit menschlicher Muskelkraft gezogen werden. Bei besonders günstigen Wasser- und Windverhältnissen brauchte man von Rotterdam nach Köln mindestens zwei, im Durchschnitt aber sechs Wochen. Noch schwieriger waren die Verhältnisse bei der Weiterfahrt auf dem schnell strömenden Mittelrhein; nach Mainz brauchte man wiederum Wochen und manchmal sogar Monate. Bedeutende Transportleistungen ließen sich darum nicht erbringen, jedenfalls nicht bei der Bergfahrt.

Doch wozu noch weiter von Wirtschaft und Technik reden? Die Landschaft am Niederrhein ist zum Träumen gemacht, und sie stellt sich eben und ernsthaft, beinahe melancholisch und weltverloren dar, nicht im Jubel und Trubel des mittelrheinischen Frohsinns. Eigentlich müßte man im Herbst, im Oktober oder November herkommen und jenseits der Deiche in die Stille und Weite hinauswandern, wenn bloß noch ein zwiespältiges Licht die Nebelschleier durchdringt. Büsche und Bäume recken sich verwegen empor, von Gespenstern bewohnt. Und Rufe sind manchmal zu hören, wer weiß woher. Stammen sie aus dem Seelenreich der Toten? Oder aus nordischer Ferne, von den Zugvögeln, die abertausendfach zur Rast und zum Überwintern sich einfinden?

Selbst im Sommer dämpfen Dunstschleier die Farben zu freilich unendlichen Mischungen aus grau, blau und grün. Von Reihern bewacht, scheint die Sonne zu zögern, bevor sie zwischen Kopfweiden im Wasser der schnurgeraden Abzugsgräben, in den verschlungenen Altarmen des Rheins sich spiegelt.

Man versteht, daß hier immer die Grübler und Gottsucher zu Hause waren. Um nur einen zu nennen, Gerhard Tersteegen: Er wurde 1697 in Moers geboren, war zu arm, um Pfarrer zu werden, gab aber, vom Glauben gerufen, 1728 seine Arbeit als Seidenbandwirker auf und zog als Wanderprediger durchs Land, nicht nur, doch besonders am Niederrhein. Dabei wurde er zum Dichter und veröffentlichte in drei Bänden »Auserlesene Lebensbeschreibungen heiliger Seelen«. Zu seinen 111 frommen Liedern gehört »Ich bete an die Macht der Liebe, die sich in Jesu offenbart«. Auf seltsamen Wegen ist dieser Choral unter die Preußen geraten und erklingt noch heute, wenn die Bundeswehr beim Fackelschein ihren »Großen Zapfenstreich« intoniert.

Xanten, geschichts- und legendenträchtig: Schon um das Jahr 15 vor Christus kamen die Römer hierher und schufen ihren wichtigsten Stützpunkt am Niederrhein. Glaubt man dem Nibelungenlied, so wurde der deutsche Held Siegfried zwischen den römischen Ruinen geboren. Oder mit Ludwig Uhland zu reden:

> *»Jung Siegfried war ein stolzer Knab',*
> *Ging von des Vaters Burg herab ...«*

Es folgten die Heiligenverehrung und die Erzbischöfe von Köln; 1228 begann der Bau des Doms, der Stiftskirche St. Viktor. Später geriet man unter die Klevesche Herrschaft – und mit ihr 1614 an Brandenburg-Preußen; um zu Gottes Ehre ihre Ansprüche am Niederrhein und dafür die Unterstützung der Niederlande zu sichern, traten die Hohenzollern zum Calvinismus über. Friedrich Wilhelm, der Große Kurfürst, weihte im Jahre 1649 höchstpersönlich die evangelische Kirche ein und verkündete ein unerhört neues Gebot: das der Toleranz, die fortan in den brandenburg-preußischen Gebieten ebenso gelten sollte wie in den Niederlanden.

Mit seiner Lage im Abseits, längst auch vom Rhein abgeschnitten, ist Xanten freilich stets eine

Kleinstadt geblieben. Dies immerhin ermöglichte nach den Kriegszerstörungen von 1945 einen behutsamen, geradezu vorbildlichen Wiederaufbau und, samt Umland und Ausgrabungen, die Hinwendung zum Fremdenverkehr. Seit 1988 führt

Unbekannter Künstler, 19. Jahrhundert: Rheinfront von Düsseldorf. Wir sehen noch die gute, vielmehr harte alte Zeit vor der Revolution der Dampfmaschine. Stromauf brauchte man zum Segeln günstige Winde, oder die Schiffe mußten mit Muskelkraft mühevoll geschleppt werden.

man den stolzen Titel eines »staatlich anerkannten Erholungsortes« und registrierte noch im gleichen Jahr 800 000 Besucher.

Weiterfahrt: Am rechten Rheinufer zieht Wesel vorüber, auch einmal – seit 1673 – eine brandenburg-preußische Stadt, eine Festung dazu, und in die Erinnerung dringt unversehens der Kriegslärm. »Nach schwerer Artillerievorbereitung und starkem Einsatz von Schlachtfliegern ist gestern abend zwischen Rees und Wesel die erwartete Schlacht um den Niederrhein entbrannt«, meldete der deutsche Wehrmachtbericht am 24. März 1945. Die britischen und kanadischen Truppen des Feldmarschalls Montgomery erzwangen hier den Rheinübergang; am nächsten Tag war von heftigen Straßenkämpfen in Wesel die Rede. Kaum ein Stein blieb auf dem anderen: Die Stadt wurde zu 97 Prozent zerstört. Dieser Vernichtungsgrad ist nur in der Oderfestung Küstrin übertroffen worden.

Aus der Tiefe meiner altmodischen Schulbildung schallen zudem noch Gewehrsalven: Im Jahre 1809 unternahm der Major Ferdinand von Schill mit seinem Husarenregiment einen eigenmächtigen Kriegszug; er wollte Preußen zur Erhebung gegen Napoleon mitreißen. Der Versuch mißlang, Schill fiel im Kampf; seine elf überlebenden Offiziere wurden nach Wesel gebracht, zum Tode verurteilt und standrechtlich erschossen. »Zwei und zwei aneinander gefesselt, erwarteten sie stehend und mit unverbundenen Augen die feindlichen Kugeln; sie brachten ihrem König noch ein Hoch und kommandierten dann Feuer! Im nächsten Augenblick lagen zehn am Boden; der elfte war nur am Arm verwundet; er riß die Weste auf und rief auf sein Herz deutend: ›Hierher, Grenadiere!‹ Einen Moment später hatte auch er ausgelebt.«

Ja, das war – auf der patriotischen Höhe des 19. Jahrhunderts für die nachfolgenden Generationen geschrieben – wahrlich noch eine Bildung fürs Gemüt; wer mehr wissen will, besuche das Schill-Museum im Weseler Zitadellentor. Zum bekömmlichen Ausgleich gehörte im übrigen, daß man überall dort, wo Bergwände ein Echo verhießen, so laut wie nur möglich ausrief: »Wie heißt der Bürgermeister von Wesel?« – »... Esel!«

»Lieber Fisch…«

»Trinkt, o Augen, was die Wimper hält,
von dem goldnen Überfluß der Welt.«

Das sind die Schlußzeilen aus dem »Abendlied« von Gottfried Keller, und fast könnte man meinen, daß der Dichter aus Zürich sie für Schiffsreisende geschrieben hat. Denn die gehören in ihrer Mehrheit zu den reiferen Jahrgängen; mit gutem Recht wollen sie sich verwöhnen lassen und das Schöne genießen, das man ihnen bietet. Ein Industrierevier in der Krise, im Umbruch und mühsamen Neubeginn ist ihre Sache nicht; folgerichtig fährt die »Prinzessin von Preußen« an Dinslaken, Walsum, Duisburg, Rheinhausen, Uerdingen und sogar an Düsseldorf und Dormagen ohne Anhalten vorüber.

Ein wenig möchte man das dennoch bedauern. Es gäbe ja viel zu sehen und zu erzählen von Altem und Neuem, von Zechentürmen und Stahlwerken samt Schlotbaronen wie den Thyssen und Krupp, von Landesfürsten wie »Jan Wellem« oder Johannes Rau, von den frommen Leuten im Tal der Wupper und den weniger frommen wie Friedrich

Engels. Das modernste, größte, gewagteste Einkaufszentrum könnte man in Oberhausen, das teuerste Unterhaltungszentrum in Bottrop besuchen und zum Ausgleich Gartenschauen oder demnächst den Emscherpark durchwandern, der die Natur mit Industriedenkmälern verbinden will.

Vor allem müßte man von den Menschen reden, die, rheinisch-römischen Traditionen höchst angemessen, von weit her kamen, zum Beispiel als »Brüder aus der kalten Heimat« im Osten, um sich mit den Eingesessenen zu einem ganz eigenen Menschenschlag zu verbinden. Und vom »Wir«-Gefühl dieses Menschenschlags wäre zu reden, wie es beim Malochen unter Tage, in den Ortsvereinen der SPD, beim Brieftaubenzüchten und beim Fußball, bei Schalke 04 und Borussia Dortmund sich bildete. Aber das alles sprengt jetzt unser Thema und würde eine eigene Entdeckungsreise erfordern; wir beschränken uns auf das, was nun wirklich und ganz elementar mit dem Rhein zu tun hat.

Leverkusen querab: Das Bayerkreuz grüßt herüber, weltbekannt. Im Jahre 1863 wurde die Firma Friedrich Bayer & Co. gegründet, zunächst in Wuppertal-Elberfeld, aus der dann die Farbenfabriken Bayer AG hervorgingen, seit 1891 mit dem Sitz in Leverkusen. Der Ruhm stammte besonders aus den Arzneimitteln, man denke ans Aspirin. Doch vieles mehr wäre zu nennen: Im Jahre 1910 gelang zum Beispiel die Herstellung des synthetischen

Kautschuks. »Wissenschaft bricht Monopole«, hieß ein Buch von Anton Zischka, das der Junge einst las. Stolz auf die deutsche Forscherleistung stellt sich noch in der Erinnerung ein – und gleich darauf ein seltsamer Zwiespalt der Gedanken, die weit voraus bis nach Basel wandern.

Denn im Herbst 1986 konnten die Bewohner des Rheins in großformatigen Zeitungsanzeigen lesen, was sie anging: »Lieber Fisch. Es wird Dir guttun, daß die chemische Industrie die organische Belastung der Gewässer in den letzten zwanzig Jahren um mehr als 90 Prozent gesenkt hat.«

Leider verschied der liebe Fisch, bevor er noch recht verstanden hatte, was ihm so guttat. Am 1. November 1986 brach bei der Baseler Sandoz AG, die gerade ihr hundertjähriges Jubiläum feierte, ein Großfeuer aus. Wie es sich gehört, eilte die Feuerwehr herbei und waltete ihres Amtes; aus allen Rohren schoß sie Wasser in die Brandherde: Wasser, das dann mit wer weiß welchen Chemikalien durchmischt in den Rhein zurückfloß und bis nach Karlsruhe hinunter ein beispielloses Sterben verursachte, besonders unter Aalen und Äschen. 150000 tote Aale wurden fortgeräumt, weit stromab Pumpwerke abgeschaltet, Krisenpläne für die Wasserversorgung in Kraft gesetzt. Noch Monate später folgte bei Basel ein Entensterben.

Es ist ungerecht, nur das eine Unternehmen zu

nennen, denn sie sind allzumal Sünder. Es ist überheblich, mit dem Finger auf andere zu verweisen; wer ohne Fehl ist, werfe den ersten Stein. Aber der Sandoz-Unfall in Basel zeigt beispielhaft die Selbstgefährdung unserer Zivilisation. Zugleich erinnert er daran, daß sich, wie wohl nirgendwo sonst, am Rhein oder gleich nebenbei an der Mündung seiner Nebenflüsse die Großanlagen der Chemie und der Pharmazie konzentrieren. Sie bezeichnen die moderne Nutzung des Stroms wie keine andere Industrie. Sandoz und Ciba-Geigy (kürzlich zur Novartis AG zusammengeschlossen), Hoffmann-La Roche, BASF, Boehringer-Mannheim (gerade von Hoffmann-La Roche gekauft), Hoechst, Boehringer-Ingelheim, Bayer und noch manche andere sind ja wirklich berühmte Namen, fast wie seit 1945 die Brücke von Remagen oder seit Heinrich Heine die Loreley. Sie dürfen nicht fehlen, wenn man Antwort auf die Frage sucht, wie sich die Eidgenossen und die Deutschen aus armen zu wohlhabenden Leuten verwandelten. Ohne die Erzeugnisse der Pharmazie gäbe es unser Gesundheitswesen nicht; ohne die Produkte der Chemie würden wir, wie im Märchen von dem Fischer un syner Fru, wieder in die Armseligkeit zurückgestoßen, aus der wir einmal kamen. Der Hunger würde umgehen und der Tod.

Das Problem ist, daß es auf der Welt so viele Menschen gibt. Bald werden es wohl acht oder zehn Milliarden sein, und die Natur allein kann sie längst nicht mehr ernähren. In Deutschland leben 82 Millionen, und je näher am Rhein, desto dichter drängen sie sich zusammen. Alle verlangen nach Arbeit und brauchen deren Produkte. Doch ob nun in der Arbeit oder in der Freizeit: Sie belasten die Umwelt. 1991 betrug die bundesweite Abwassereinleitung 48 119 Millionen Kubikmeter. Wiederum bundesweit wurden (1993) 2029 Unfälle bei der Lagerung oder beim Transport wassergefährdender Stoffe gemeldet. Die chemische Industrie war am Abwasser mit beinahe einem Zehntel, mit 4278 Millionen Kubikmetern beteiligt. Zum Vergleich: Die hessische Edersee-Talsperre – eine der größten, die wir besitzen – verfügt über einen maximalen Stauraum von 202,4 Millionen Kubikmetern. Zwanzig ihrer Füllungen würden also gerade genügen, um den Bedarf der Chemieindustrie zu decken.

Gewiß, der Umweltschutz ist inzwischen zum Thema geworden, in Deutschland zumal, und viel geschieht, um ihm zu dienen. 1993 wurden (nur in den alten, westlichen Bundesländern) 43 170 Millionen D-Mark für den Umweltschutz ausgegeben. Das produzierende Gewerbe beteiligte sich mit 6,1 Prozent, die chemische Industrie sogar mit 13 Prozent aller Investitionen. Das sind imponierende Zahlen. Leider häufen sich zugleich die Klagen. Die Produktionskosten sind zu hoch, die Genehmigungsverfahren für neue Produkte zu ängstlich und starr, und sie ziehen sich unerträglich lange hin; eigentlich müßte man auswandern. Man tut es auch längst. Sogar Forschungsstätten werden mit immer wachsenden Anteilen verlagert. Bayer forscht im amerikanischen West Haven ebenso wie im japanischen Kyoto. Umweltschutz oder Arbeitsplätze? In jedem Fall bewegen wir uns auf einem schmalen Grat, mit Abgründen an jeder Seite.

Immerhin bleiben die Erfolge nicht aus. Alle Untersuchungen besagen, daß die Wasserqualität des Rheins sich langsam, aber insgesamt stetig und deutlich verbessert. Das Kleingetier im Uferschlamm, die Insektenlarven, Schnecken und Muscheln vermehren sich wieder; ihre Artenzahl ist in zwanzig Jahren von 27 auf 103 gestiegen. Wanderfische wie Meerneunauge, Meerforelle und Lachs kehren nach langer Abwesenheit zurück. Halbwegs mit Zuversicht kann man daher die 1986 jäh unterbrochene Ansprache fortsetzen:

»Lieber Fisch, lieber ›Lachs 2000‹! Das Rheinwasser der Zukunft wird Dir guttun. Nicht immer, aber immer öfter. Bitte bedenke: Wenn, vor Jahren schon, Dein Bundesumweltminister sich todesmutig in die Fluten stürzte und den Rhein durchschwamm, dann kannst Du es auch tun.«

Von Heiligen und Heinzelmännchen

Im Jahre 50 nach Christus wurden einer römischen Ansiedlung am linken Rheinufer, die schon seit rund hundert Jahren bestand, Stadtrechte verliehen, als der Colonia Claudia Ara Aggrippiensis. Weil aber der Name für den Alltagsgebrauch zu umständlich war, verkürzte er sich zu Colonia

Aggrippiensis, schließlich zu Colonia oder eingedeutscht zu Köln.

An die Römerzeit erinnert im Stadtbild nicht mehr viel; um Anschauung zu gewinnen, muß man gleich neben dem Dom das Römisch-Germanische Museum besuchen. Für die Prägung der mittelalterlichen Stadt haben ohnehin der Kranz ihrer romanischen Kirchen und der gewaltige, allerdings bis ins 19. Jahrhundert unvollendete gotische Dombau die entscheidende Bedeutung gewonnen. Colonia rückte zum »heiligen« Köln, zu einem Abbild des himmlischen Jerusalem auf.

*»Köln«
von William Turner, 1817.
Mit ihren Malern vorweg waren die Engländer Pioniere des romantischen Empfindens und damit der Rheinreisen.*

Dazu trug entscheidend bei, daß man über einen unvergleichbar reichen Schatz von Märtyrern und Heiligen verfügte, der immer neue Pilgerscharen anlockte, so wie heute der Dom alljährlich drei Millionen Touristen aus aller Welt.

Heiligkeit durch Heiligenbesitz, nicht nur hier: Die Lagunenrepublik Venedig zum Beispiel hat ihren Ruhm und ihr Selbstbewußtsein dadurch befestigt, daß sie die Gebeine des Evangelisten Markus an sich brachte, nüchtern betrachtet in einem Piratenhandstreich.

Für Köln ist zunächst der Stadtpatron Gereon mit seinen römischen Legionären zu nennen. Sie verweigerten den Befehl, sich an der Christenverfolgung zu beteiligen, und erlitten dafür den Märtyrertod.

An zweiter Stelle steht die heilige Ursula. Der Überlieferung nach war sie die Tochter eines britischen Königs, die eine Pilgerfahrt nach Rom unternahm und im Jahre 452 auf der Rückreise bei Köln mit ihren zehn Gefährtinnen von Hunnenhänden umgebracht wurde. Ein Irrtum oder wohl mehr noch der imponierende Eindruck hat dann aus bescheidenden elf die legendären elftausend Jungfrauen gemacht – so als ob es die im Kolonialort der altrömischen Saturnalien, diesem Urquell des Karnevals, jemals hätte geben können.

Ein wahrer Geniestreich gelang dann im Jahre 1164 dem Erzbischof Rainald von Dassel, als er in

Mailand drei – wiederum aus Konstantinopel importierte – Gebeine an sich brachte, sie nach Köln überführte und behauptete, daß es die Heiligen Drei Könige seien: die Weisen »aus dem Morgenland«, von denen das Matthäusevangelium berichtet, daß sie dem Stern von Bethlehem zum Jesuskind folgten, um freilich spurenlos wieder zu verschwinden. Doch es steht geschrieben: »Da sie den Stern sahen, wurden sie hoch erfreut und gingen in das Haus und fanden das Kindlein mit Maria, seiner Mutter, und fielen nieder und beteten es an und taten ihre Schätze auf und schenkten ihm Gold, Weihrauch und Myrrhe.« Aus dem Dreiklang der Schätze hat man die Dreizahl der Spender abgeleitet, und dank Rainald von Dassel werden nun Caspar, Melchior und Balthasar sicher in Köln verwahrt, in dem kostbaren Dreikönigenschrein, über dem sich, noch kostbarer, der Chor des Domes himmelwärts wölbt.

Die Erzbischöfe von Köln waren mächtige Leute, Kanzler und Kurfürsten des Heiligen Römischen Reiches Deutscher Nation. Nur in ihrer eigenen Stadt stießen sie auf Widerstand. Schließlich war das heilige Köln, am Schnittpunkt der Verkehrswege gelegen, zugleich auch ein Zentrum des höchst weltlichen, weitreichenden Handels und der Handwerkskünste, am Ausgang des Mittelalters mit 40000 Einwohnern die größte Stadt des Reiches; diese Zahl wurde bis gegen Ende des

Romantik pur: »Sommernacht am Rhein« von Christian Böttcher. Vom Wein beflügelt, genießen wir die Geselligkeit oder das besinnliche Gespräch. Dem einsamen Wanderer aber begegnet die Größe des Stroms, vom Mondlicht gespiegelt. Er fühlt, was Eichendorff schrieb:

»Und meine Seele spannte
weit ihre Flügel aus,
flog durch die stillen Lande,
als flöge sie nach Haus.«

18. Jahrhunderts kaum überschritten. Das Verlangen nach Bürgerfreiheit und die Machtansprüche der Kirchenfürsten aber stießen heftig zusammen; alle alten Chroniken berichten von bitteren Konflikten und mitunter sogar von blutiger Fehde. Erst langfristig hat man miteinander sein Auskommen gefunden und die bekömmliche Balance, jene unverwechselbar rheinländische Stadtkultur des Lebens und Lebenlassens, des Gebens und Nehmens entwickelt, die nur ein Preuße mit Korruption verwechselt und die wir noch heute erkennen, wenn vom »Kölschen Klüngel« die Rede ist. Um zu dieser Stadtkultur eine Geschichte zu erzählen, die ich meinem akademischen Lehrer, dem Philosophen Helmuth Plessner, verdanke, der vor 1933 als Dozent an der Universität von Köln tätig war:

Ein Kandidat meldet sich zur Prüfung und hat als Thema den Kategorischen Imperativ von Immanuel Kant gewählt: »Handle so, daß die Maxime deines Willens jederzeit zugleich als Prinzip einer allgemeinen Gesetzgebung gelten könne.« Aber was bedeutet das? Mehr als die dürre Formel ist dem Prüfling nicht zu entlocken. Schließlich fragt Plessner: »Was halten denn Sie, ganz persönlich, von einer solchen Ethik der rigorosen Pflichterfüllung?« Darauf der Kandidat: »Och, ich bin eigentlich immer janz jut damit jefahren.«

Ach, du heiliges und unheiliges Köln, wieviel

Zeit müßte man darauf verwenden, dich wirklich kennenzulernen mit deinen Kirchen und Kirchenschätzen, mit Tünnes und Schäl in den Gassen deiner Altstadt und mit dem Reichtum deiner Museen! Von denen seien nur drei genannt und dringend empfohlen: neben dem Römisch-Germanischen Museum das Kölnische Stadtmuseum und das Wallraff-Richartz-Museum/Museum Ludwig alter und sehr moderner Kunst. Bei alledem war von der Stadt der Messen und der neuen Medien noch gar nicht die Rede, die sich entschlossen der Zukunft zuwendet, um ihren traditionellen Rang als einzig wahre Rheinmetropole zu behaupten – was man freilich die Emporkömmlinge rheinab, die Rivalen in Düsseldorf nicht hören lassen darf.

Leider fehlt sogar dem gemächlichen Rheinreisenden auf einmal die Zeit, sich auf Köln mit mehr als nur ersten Eindrücken einzulassen, die in den Kirchen und Museen schon strapaziös genug ausfallen. Zum erholsamen Ausgleich und doch noch einmal zu einem Eindruck vom kölnischen Charakter sei daher – von der Treppe des Museumshügels zum Heinrich-Böll-Platz nur auf einem kurzen Weg über die alte römische Hafenstraße – der Besuch des Heinzelmännchenbrunnens angeraten. Er wurde (etwas verspätet) 1899 zum hundertsten Geburtstag von August Kopisch angelegt, der in seinem berühmten Gedicht die fleißigen Wichte aus dem Siebengebirge nach Köln versetzt hatte:

»Wie war zu Köln es doch vordem
mit Heinzelmännchen so bequem!
Denn, war man faul – man legte sich
hin auf die Bank und pflegte sich.

Da kamen bei Nacht,
ehe man's gedacht,
die Männlein und schwärmten
und klappten und lärmten
und rupften
und zupften
und hüpften und trabten
und putzten und schabten.
Und eh' ein Faulpelz noch erwacht,
War all sein Tagewerk bereits gemacht.«

Alle Zünfte profitieren, die Zimmerleute wie die Bäcker und Fleischer, die Schenken und Schneider, und ob es eigentlich mit rechten Dingen zugeht, will man so genau gar nicht wissen. Nur des Schneiders Weib plagt die Neugier; es möchte die Heinzelmännchen endlich hören und sehen und streut Erbsen aus, über die sie holterdiepolter hinstürzen – und spurlos verschwinden.

»O weh! Nun sind sie alle fort
und keines ist mehr hier am Ort!
Man kann nicht mehr wie sonsten ruhn,
man muß nun alles selber tun!

Ein jeder muß fein
selbst fleißig sein
und kratzen und schaben
und rennen und traben
und schniegeln
und biegeln
und klopfen und hacken
und kochen und backen.
Ach, daß es noch wie damals wär'!
Doch kommt die schöne Zeit nicht wieder her!«

Aber hier irrt der Dichter. Auf der »Prinzessin von Preußen« jedenfalls haben gute Geister schon ein köstliches Mittagsmahl bereitet, – und danach bettet man sich, so bequem und erwartungsfroh wie einst die Bürger zu Köln, in einen Liegestuhl auf dem Sonnendeck, um die Aussichten zu genießen, denen das Schiff jetzt entgegenfährt.

Der romantische Rhein

Der Mensch ist eigentlich nicht dazu gemacht, seine Seele der Natur zuzuwenden und sie als schön zu empfinden. Eher ist sie sein Feind. Seit Urzeiten galt, was am Anfang der Bibel geschrieben steht: »Verflucht sei der Acker um deinetwillen, mit Kummer sollst du dich darauf nähren dein Leben lang. Dornen und Disteln soll er dir tragen, und sollst das Kraut auf dem Felde essen. Im Schweiße deines Angesichts sollst du dein Brot essen, bis daß du wieder zu Erde werdest, davon du genommen bist.« Immer erwies die Natur sich als übermächtig, immer drohte sie mit Dürre und Überschwemmung, mit Sturm, Hagel, Gewitter, Viehseuche und Kindestod, mit Heuschrecken und Drachengetier. Wie wenig ließ sich dagegen ausrichten, außer in der Geisterbeschwörung und im Gebet zu Gott! Oder vielleicht noch mit schier übermenschlicher Kraft, wie Jung-Siegfried sie besaß, als er, nicht weit von Bonn, im Siebengebirge am danach benannten Felsen den Drachen tötete und in seinem Blut badete, um unverwundbar zu werden. Nur das Lindenblatt zwischen seinen Schultern verhinderte, daß das vollständig gelang; so trifft selbst diesen Helden mit dem Speer des Hagen von Tronje schließlich der Tod.

Die Vorzeichen ändern sich im modernen Triumph unserer Weltbemächtigung, der die Naturgewalten zähmt. Jetzt erst kann man ohne Angst das Schauspiel genießen, das sie uns bieten. Klopstock und Goethe schildern das Gewitter als bewegenden Eindruck in der gleichen Zeit, in der Benjamin Franklin den Blitzableiter erfindet. Und je weiter wir uns als Stadtmenschen von der Natur entfernen, desto dringender wird es, sie zu erleben.

Die Romantik des Rheins – genauer des Mittelrheins etwa vom Drachenfels bis vor die Tore von Wiesbaden und Mainz – ist allerdings keine deutsche, sondern eine englische Entdeckung. Als nüchterne Pioniere der Industriellen Revolution und deshalb der gefühlsbetonten Zuwendung zur Natur waren die Briten dem Kontinent um fast ein Jahrhundert voraus, und schon im 18. Jahrhundert kamen sie in Scharen an den Rhein. Hier fanden sie die ideale Kombination der Elemente, aus denen das romantische Empfinden sich speist. Mindestens vier sind zu nennen.

Erstens soll sich die Natur liebreich, anheimelnd darstellen, überschaubar gegliedert. Sie soll uns nicht erschrecken, sondern die Idylle bieten, die zum Anfassen, zum Streicheln gemacht ist, samt Parkbank zum Ausruhen und der Fachwerkschenke

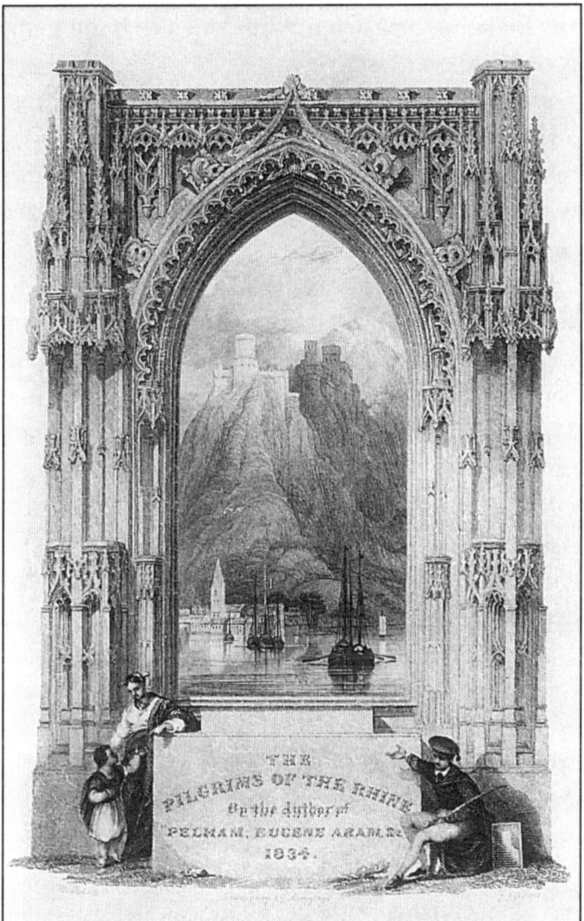

Pilgerfahrt und Andacht: Einst galten sie den Heiligen. Doch im Altarbild des modernen Denkens steht die Natur mit Strom, Felsensturz und Ruinen.

zur Einkehr, über deren Schornstein sich sanft eine Rauchfahne kräuselt.

Zweitens und im Kontrast soll die Natur aber auch erhaben sein, mächtig aufragend als Gebirge mit jähem Felsensturz, schwindelerregend, so daß wir zu ihr hinaufschauen dürfen, unserer Grenzen gewiß.

Drittens geht es um die Zeichen unserer Vergänglichkeit, in die Natur komponiert mit altem Gemäuer, in Burgen, Kirchen, Schlössern, zu Ruinen zerfallen, gotisch wenn möglich, von Sagen und Märchen, Spukgestalten, Gespenstern bewohnt. Ein wohliger Schauder soll uns umfangen.

Viertens schließlich, wiederum im Kontrast, wollen wir des Lebens gewiß sein, daß es unvergänglich ist. Sein Symbol ist das Wasser, der fließende Strom.

Man betrachte das Gemälde von Carl Gustav Carus aus dem Jahre 1836; beispielhaft vereinigt es die vier Elemente, von denen die Rede war: Stille und Strom, die Felsenhänge und mitten darin die zum Himmel strebende Ruine, das Wunderwerk der Wernerkapelle.

Gleich hinter dem schönen Schein lauert indessen das Unheimliche. Denn der Glaubenseifer errichtete diese Kapelle zum Gedenken an den Knaben Werner, der in der Karwoche des Jahres 1287 ermordet wurde. Man sprach die Juden schuldig, der Haß entflammte, ein Pogrom begann, und lange genug war die Kapelle ein Wallfahrtsort der Verfolger. Wie darum eine am Mauerwerk angebrachte Tafel mit Recht »das einzigartige hochgotische Kunstwerk« rühmt, so erinnert sie auch an »den denkwürdigen Zusammenhang mit der Ritualmordlegende um den Knaben Werner, die wüste Ausschreitungen gegen jüdische Mitbürger auslöste«.

»Bacharach am Rhein«, gesehen von dem Arzt, Naturforscher und Maler Carl Gustav Carus.

Die deutsche Entdeckung des romantischen Rheins läßt sich präzise datieren auf den Juni 1802. Damals fuhren zwei junge Leute, Achim von Arnim und Clemens Brentano, von Frankfurt aus erst mit dem Schiff an den Rhein und wanderten dann stromab bis nach Koblenz. Von der Verzauberung, die sie erlebten, spricht ein Brief, den Brentano ein Jahr später an Arnim schrieb: »... Da wir miteinander in den Turm von Rüdesheim gestiegen waren, da stelltest Du Dich an das einzige Fenster im Turm und sahest den Rhein sehr ernsthaft hinaus. Ich aber stand im dunklen Turm und spielte Guitarre, sehr einsam fühlte ich mich da, als wärest Du hundert Meilen von mir... Ich wollte Dir noch ein Lied machen, aber es wird zu spät, ich will den ersten Vers hierher schreiben:

Es setzten zwei Vertraute
zum Rhein den Wanderstab,
der braune trug die Laute,
das Lied der blonde gab –

mit diesen Worten benenne ich das Liebste, Teuerste meines Lebens.«

Auch Arnim hat seine Eindrücke in einem Brief geschildert: »In einen alten Mantel gehüllt, ohne Plan mit einem Freunde und einem Buch umherirrend, im Gesang der Schiffer von tausend neuen Anklängen der Poesie berauscht, ohne Tag und Nacht zu sondern, frei von Sturm und Ungewitter

... so möchte ich wohl noch einmal leben; das Leben war frisch angebrochen wie die echte Quelle des rheinischen Weines ... Ich fühle jetzt recht, daß eine gewaltige Dichtung durch die ganze Natur weht, bald als Geschichte, bald als Naturereignis hervortritt, die der Dichter nur in einzelnen schwachen Widerklängen aufzufassen braucht, um ins tiefste Gemüt mit unendlicher Klarheit zu dringen.«

Die Freunde suchten und bearbeiteten alte Volkslieder. Die Sammlung, die sie als »Des Knaben Wunderhorn« herausgaben, wurde berühmt fast wie die ein paar Jahre später erschienenen Kinder- und Hausmärchen der Brüder Grimm. Ebenfalls im Jahre 1802, sogar ein paar Wochen vor Arnim und Brentano, war Friedrich Schlegel an den Rhein gekommen; er schrieb dann die Rheinballade »Das versunkene Schloß« und Betrachtungen zur Gotik am Rhein. Zum Heidelberger Dichterkreis, der sich am Rhein begeisterte, gehörten auch Eichendorff, Fouqué, Schenkendorf und der junge Uhland. Es waren die Schriftsteller und in zweiter Linie die Maler, die uns die Empfindungen schufen, die heute selbstverständlich und zum Massenerzeugnis geworden sind.

Ja, und dann erst die Loreley! Nüchtern betrachtet handelt es sich um einen Felsen wie viele andere. Allerdings verengt sich bei ihm der Rhein auf eine Breite von nur 90 Metern, und bald darauf werden in der Mitte des Stroms bei Niedrigwasser die »Sieben Jungfrauen« als gefährliche Riffe sichtbar. Aber Heinrich Heine hat, 1823, in seinem Geniestreich den Rheinfelsen ganz neu erschaffen. Denn das »Märchen aus alten Zeiten«, das ihm »nicht aus dem Sinn« kommt, hat unsere Sinne betört wie kein zweites Lied. Der Erstentdecker der »Lore Ley« war allerdings Clemens Brentano; schon 1801 widmete er ihr in seinem Roman »Godwi« eine Ballade. Heine jedoch hat der Dame zu Weltruhm verholfen, verstärkt noch durch die Vertonung von Friedrich Silcher. Seither gab es kein Halten mehr. Man mag es kaum glauben, doch es ist wahr, daß rund fünfzig Loreley-Opern geschrieben wurden. An ihnen allen, wie an

Die Lorelei, wie William Turner sie 1817 gemalt hat.

den Öl-»Schinken« der Maler, hat sich freilich die Schicksalskraft der Felsenfrau erwiesen: Alle versanken, wenn nicht im Rhein, dann im Kitsch. Zum bekömmlichen Ausgleich sei daher an einen weiteren Schicksalsschlag erinnert. Nach dem Ersten Weltkrieg entstand auf der Loreley, zur patriotischen Ertüchtigung, ein Turnplatz des Turngaues Nassau-Süd. Und an seinem Felsenrand geschah, was Erich Kästner – kurz vor dem deutschen »Aufbruch« von 1933 – zu seinem »Handstand auf der Loreley« verführte:

«Die Loreley, bekannt als Fee und Felsen,
ist jener Fleck am Rhein, nicht weit von Bingen,
wo früher Schiffer mit verdrehten Hälsen,
von blonden Haaren schwärmend, untergingen.

Wir wandeln uns. Die Schiffer inbegriffen.
Der Rhein ist reguliert und eingedämmt.
Die Zeit vergeht. Man stirbt nicht mehr beim Schiffen,
bloß weil ein blondes Weib sich dauernd kämmt.

Nichtsdestotrotz geschieht auch heutzutage
noch manches, was der Steinzeit ähnlich sieht.
So alt ist keine deutsche Heldensage,
daß sie nicht doch noch Helden nach sich zieht.

Erst neulich machte auf der Loreley
hoch überm Rhein ein Turner einen Handstand!
Von allen Dampfern tönte Angstgeschrei,
als er kopfüber oben auf der Wand stand.

Er stand, als ob er auf dem Barren stünde.
Mit hohlem Kreuz. Und lustbetonten Zügen.
Man frage nicht: Was hatte er für Gründe?
Er war ein Held. Das dürfte wohl genügen.

Er stand, verkehrt, im Abendsonnenscheine.
Da trübte Wehmut seinen Turnerblick.
Er dachte an die Loreley von Heine.
Und stürzte ab. Und brach sich das Genick.

Er starb als Held. Man muß ihn nicht beweinen.
Sein Handstand war vom Schicksal überstrahlt.
Ein Augenblick mit zwei erhobnen Beinen
ist nicht zu teuer mit dem Tod bezahlt!

P.S. Eins wäre allerdings noch nachzutragen:
Der Turner hinterließ uns Weib und Kind.
Hinwiederum, man soll sie nicht beklagen.
Weil im Bezirk der Helden und der Sagen
die Überlebenden nicht wichtig sind.«

Von Eindrücken fast überfrachtet landen wir schließlich in Rüdesheim. Der Lage nach gibt es kaum einen glücklicheren Ort, von der Sonne verwöhnt, von Rebhängen umgeben. Schräg gegenüber mündet bei Bingen die Nahe in den Rhein, und gleich nebenan liegt der Mäuseturm mit seiner erbaulichen Mär. Wegen seines unmenschlichen Verhaltens wurde der Erzbischof Hatto von Mainz mit einer Mäuseplage bestraft; er flüchtete in den

Turm und glaubte, vom Rhein geschützt, dort sicher zu sein. Aber die Nager schwammen ihm nach und fraßen ihn auf.

Ungefähr so ergeht es freilich auch Rüdesheim. Weil es am Rhein so schön und hier am allerschönsten ist, strömen unwiderstehlich angezogen

Der Mäuseturm bei Bingen, von Caspar Scheuren. Stellvertretend für den bösen Bischof, der hier sein verdientes Ende fand, zeigt sich der Turm selbst angenagt und einsturzbedroht. Doch gottlob steht er noch heute.

die Massen herbei und zu Jubel, Trubel und Trunkenheit in die berühmte Drosselgasse. Sie ist kaum 150 Meter lang und knapp drei Meter breit, aber rund drei Millionen Besucher pro Jahr und bis zu 35 000 pro Tag hat man gezählt. Man kann seinen Platz natürlich auch querab an der Rheinstraße finden. Da hat man dann vor sich den immerfort zu Kolonnen gestauten Verkehr auf der Bundesstraße 42, an die sich die Bundesbahntrasse anschließt. Wer gleichwohl noch den Fluß sehen will, muß schon groß gewachsen sein und sich auf die Zehenspitzen stellen. Erst außerhalb des Ortskerns kann man unter Platanen den Rheinblick genießen, muß jedoch auf die Schenken verzichten.

Hier, wahrlich, stirbt alle Romantik den Erstickungstod, kaum weniger qualvoll als einst der böse Bischof im Mäuseturm. Um so schöner ist es, wohlbehütet auf der »Prinzessin von Preußen« weiterzufahren und mit Achim von Arnim, Clemens Brentano und vielleicht sogar mit Heinrich Heine oder Erich Kästner die Gläser zusammenklingen zu lassen für Freundschaft und Liebe.

Burgen, Denkmäler und Dome

Weil es am Rhein so schön und darum so deutsch ist, hat man seine Ufer mit Denkmälern geschmückt. Schon zu Köln, an der Eisenbahnbrücke, die uns respektlos nahe an den Dom heranführt, sieht man die reitenden Preußenkönige.

Erhabener noch reitet uns Kaiser Wilhelm I. in Koblenz entgegen, auf dem Deutschen Eck, das

Kaiser Wilhelm I. am Deutschen Eck zu Koblenz. »Der Große« hat sein Enkel, Wilhelm II, ihn genannt. Doch nur als Denkmal ist er das geworden.

Die Marksburg bei Braubach, von Clarkson Stanfield gemalt. 1689 wurden die linksrheinischen Burgen von den Franzosen zerstört. Die Marksburg aber liegt am rechten Ufer und blieb bewahrt.

sich zwischen Rhein und Moselmündung in den Strom hinausschiebt: ein wahrlich und im Wortsinne großer Mann. Allein seine Schuhe sind 2,42 Meter lang. Als er noch nicht der König von Preußen und dank Bismarck dann deutscher Kaiser war, hat Prinz Wilhelm für einige und keineswegs unglückliche Jahre in Koblenz gelebt, sozusagen im rheinischen Exil oder jedenfalls in der deutlichen Distanz zu seinem schwärmerischen Königsbruder Friedrich Wilhelm IV.

Der begeisterte sich schon als Kronprinz für die Rheinromantik, und darum gefiel er den Rheinländern. Sie – oder genauer die Stadtväter von Koblenz – schenkten ihm 1823 die Burg Stolzenfels, die etwas südlich der Stadt, gegenüber der Lahnmündung, den Rhein überblickt. Freilich hielt sich die noble Geste in Grenzen, denn es handelte sich um eine Ruine, die mit preußischem Geld erst wieder aufgebaut werden mußte. Außerdem – so der Hintergedanke – würde eine Königsburg viele Gäste anlocken; diese Spekulation hat sich bis heute bewährt.

Kein Geringerer als Karl Friedrich Schinkel lieferte zum Neubau die Entwürfe. Friedrich Wilhelm IV. hat ausdrücklich gewünscht, daß die mittelalterliche Substanz erhalten bleiben sollte. Entstanden ist dennoch eine Art von Bühnenarchitektur für altdeutsche Weihespiele. Das erste fand 1842 statt, als Friedrich Wilhelm – inzwischen König von Preußen – nach der Fertigstellung des Bauwerks seinen Einzug hielt. Darüber sagt ein zeitgenössischer Bericht:

«Seine Majestät der König Friedrich Wilhelm IV. betrat am 14. September 1842 gegen Abend zum ersten Male die neu erbaute Burg. – Der Hohe Burgherr und die Hohe Burgfrau wurden von den Innungen der Stadt Coblenz, die eine Ehrengarde

Oben: Schloß Stolzenfels, von Westen gesehen. Links ein Schloßdetail: Das Aussichtskabinett der Königin Elisabeth. Sie war die Gemahlin Friedrich Wilhelms IV., des Romantikers auf dem preußischen Königsthron. Die Ruine, die die Stadtväter von Koblenz ihm schenkten, ließ er sich als Rittersitz ausbauen, zum Träumen gemacht. Aber nur wenige Tage und Nächte hat er hier verbracht.

bildete, hinaufbegleitet. Noch am Abend desselben Tages fand daselbst ein schönes sinniges Fest statt. Sämtliche Meister und Gesellen, welche bei der Herstellung der Burg tätig gewesen, brachten Ihren Königlichen Majestäten – die Meister im altdeutschen Rock, mit Barett, Spitzenkragen und Schärpe – einen glänzenden Fackelzug; demselben ging, vom Dorfe Capellen aus, ein Militär-Musik-Corps voran, welchem zunächst die Bau-Direktion und dann die Gewerkschaften folgten … Die Bau-Direktion wurde zur Königlichen Abendtafel gezogen und den übrigen Gewerksleuten im Dorfe ein Festessen bereitet, bei welchem Frohsinn und Heiterkeit herrschten und des hohen Burgherrn gar oft in inniger Verehrung und Liebe gedacht wurde.«

So kamen alle auf ihre Kosten. Und weil Romantik und Modernität sich nicht ausschließen, sondern bedingen, erfand man auch gleich noch das Vorspiel zum heutigen »Rhein in Flammen«. Es »stiegen vom Stolzenfels aus mehrere Raketen auf und gaben das Zeichen zu einer durch den Oberst von Wussow veranstalteten zaubervollen Beleuchtung verschiedener Höhepunkte am jenseitigen Rheinufer. Die ganze Ostfront des Ehrenbreitstein erschien in weißem Feuer; hoch auf dem Allerheiligen-Berge war die Kapelle von außen weiß, von innen rot erleuchtet; prachtvoll aber der Anblick, den die Johanniskirche an der Mündung der Lahn mit ihrem damals noch hoch aufrecht stehenden Hauptturm, und die Ruine der Burg Lahneck darboten. In der Ferne prangten die Kirche von Rhense und die Marksburg in glänzender Beleuchtung, und zugleich ertönte von letzterer und dem Ehrenbreitstein anhaltender Geschützdonner.«

Betrübt muß man hinzufügen, daß Friedrich Wilhelm IV. insgesamt nur wenige Tage und Nächte auf seiner Burg verbracht hat. Zumindest ein großes Ereignis, vom 14. August 1845, darf der Chronist dennoch und dankbar vermerken: »Schon von Coblenz aus geleitete der tausendstimmige freudige Zuruf der herbeigeströmten Menge das majestätisch dahinrauschende Dampfschiff, welches Ihre Majestäten den König und die Königin von Preußen, Ihre Majestät die Königin Victoria von England und den Prinzen Albert, Ihre Majestäten den König und die Königin der Belgier und Seine Kaiserliche Hoheit den Erzherzog Friedrich von Österreich dem Stolzenfels zuführte.« Diesmal fiel, trotz Regens, das Feuerwerk noch prächtiger aus, und von den gegenüberliegenden Bergen und Burgen wird schon ausdrücklich vermerkt, daß sie »in bunten Flammen zu stehen schienen«. Kehrten allerdings die Majestäten geisterhaft heute zurück, so würde ihnen der Aufenthalt wohl bald verleidet. Denn am Rheinufer dröhnen immerfort die Züge vorüber, und im Widerhall, von den Felswänden noch verstärkt, versteht man auf der Burgterrasse kaum mehr sein eigenes Wort.

Der Reisende unserer Tage hat die Qual der Wahl: Welche Burg oder Burgruine soll er besuchen? Es gibt so viele, und alle sind des Ansehens und Ausblicks wert. Die Direktion der »Prinzessin von Preußen« hat sich angemessen für Preußen, also für den Stolzenfels, entschieden. Unpreußisch aber sei vor allem die Marksburg empfohlen: Sie ist die einzige Anlage, die sich in ihrer ursprünglichen Form erhalten hat.

Wilhelm I. war im Gegensatz zu seinem Bruder ein soldatisch nüchterner Mann. Im Jahre 1848 machte er sich als »Kartätschenprinz« einen Namen, weil er schießen lassen wollte, um die Revolution im Keim zu ersticken. Den alten Mann jedoch haben die Deutschen verehrt wie kaum einen anderen Herrscher. Darum sangen sie später, wenn sie sich in den Wechselfällen ihrer neueren Geschichte schlecht regiert fühlten – und wann eigentlich nicht? –, halb wehmutsvoll und halb herausfordernd: »Wir wollen unseren alten Kaiser Wilhelm wiederhaben!« Die reitende Majestät – oder was der Krieg von ihr hinterließ – haben allerdings die Amerikaner 1945 vom Deutschen Eck entfernt. Auf Anregung von Theodor Heuss entstand 1953 ein Mahnmal zur deutschen Einheit. Das brauchte man seit 1990 nicht mehr, und es gab noch Patrioten, die den Gesang beim Wort nahmen. Darum haben wir unseren guten alten Kaiser seit dem 2. September 1993 glücklich wieder. Tatsächlich war er ein vornehmer alter Herr, der mit Recht geseufzt hat, daß es nicht leicht sei, unter Bismarck Kaiser zu sein.

Wer ihn dennoch nicht mag, gedulde sich bis Rüdesheim und wandere oder fahre dort zum Niederwalddenkmal hinauf, wie jährlich fast zwei Millionen Besucher. Besonders am Abend, in der Farbenpracht eines Sonnenuntergangs, wenn die Menschenmassen schon zur Drosselgasse heimgefunden haben, lohnt der Ausblick über den Rhein und die Nahemündung weit nach Westen die Mühe des Aufstiegs.

Fürs Denkmal selbst ist das eher zweifelhaft. Von der vieltonnenschweren, 10,5 Meter großen »Germania« auf ihrem 25 Meter hohen, figurenreich geschmückten Sockel haben Franzosen höchst ungalant erklärt, daß kein Gras mehr wachse, wo dieses Riesenweib seinen Fuß hinsetze. Aber das ist natürlich die Sprache neidblasser Erbfeinde.

Die Einweihung des Niederwalddenkmals, das dem glorreichen Sieg über den Erbfeind gewidmet ist, fand am 28. September 1883 in Anwesenheit des Kaisers und vieler anderer Fürsten statt, und beinahe wäre es zu einer Katastrophe gekommen. Denn Anarchisten hatten mit reichlich Spengstoff ein Attentat vorbereitet. Zum Glück verregnete der Festtag, und die Zündschnüre erloschen, weil sie durchnäßt waren. Die Attentäter wurden gefaßt und zwei von ihnen, Friedrich August Reins-

Das Niederwalddenkmal mit der gewaltigen »Germania«. Wahrzeichen des Sieges über den »Erbfeind«. Aber man kann der Dame den Rücken kehren und einen Ausblick weit nach Westen genießen.

dorf und Reinhold Küchler, alsbald hingerichtet. Dem dritten, Franz Rupsch, verhalf ein kaiserlicher Gnadenakt zu lebenslangem Zuchthaus.

Ein fast noch größeres Unglück als das bei der Weihefeier von 1883 ist ebenfalls nur knapp verhindert worden. Am Gegenufer der Germania wollte man bei Bingerbrück ein Nationaldenkmal für Bismarck errichten. Wie es aussehen sollte, läßt sich erahnen, wenn man im Begleittext zum preisgekrönten Entwurf liest:

»Fromme Scheu umfängt uns, wenn wir an den Recken vom Sachsenwald denken; nicht als unseresgleichen bewundern wir ihn; wenn wir nicht Vater und Mutter wüßten, würden wir wie die Alten seine Zeugung einem von den Göttern zuschreiben. So stellen wir ihm halb festlich verehrende, halb Opferrauch spendende Feuerschalen neben seinen Tempel, und zwei Wächter, die den frommen Wallfahrer schützen, den Neidling fernhalten, decken den Treppenaufgang. Kraft und Leben atmet sein Werk. Eine lebensprossende Germania krönt den Vorbau, ein kräftiger Eichenlaubkranz mit den Zeichen der Bundesstaaten umzieht die ganze Ehrenhalle.«

Die Gelder zum Tempelbau, hauptsächlich aus der rheinisch-westfälischen Schwerindustrie, standen schon bereit. Doch der Ausbruch des Ersten Weltkriegs verhinderte die Ausführung.

Vielleicht sollten wir noch einmal umkehren und

flußab nach Remagen fahren. Die dortige Brücke wurde im März 1945 berühmt, als ihre Sprengung mißlang und amerikanische Truppen im Handstreich das Ostufer eroberten. Für Tage rollten dann Panzer, Lastwagen, Geschütze über den Rhein, bis die Brücke, schon beschädigt, am 17. März unter der Überlastung zerbrach. Die angeblich schuldigen deutschen Offiziere ließ Hitler erschießen.

Rufe zum Frieden, vom Krieg gezeichnet: die Brückentürme von Remagen.

Auf dem Westufer ist in einem der noch erhaltenen Brückentürme eine Gedenkstätte eingerichtet worden. Sie erzählt von der Geschichte der Brücke und vom Krieg; sie erinnert an die Toten. Man liest als Wahlspruch des »Friedensmuseums Brücke von Remagen«: »Laßt uns jeden Tagen mit Geist und Verstand für den Frieden arbeiten. Beginne jeder bei sich selbst.«

«Hier stehe ich. Ich kann nicht anders. Gott helfe mir. Amen.« Das liest man anderswo, am Lutherdenkmal zu Worms. Es erinnert an den Reichstag zu Worms des Jahres 1521, auf dem der streitbare Mönch aus Wittenberg vor Kaiser Karl V., den Reichsfürsten und Reichsständen sich weigerte, seine Ketzerei zu widerrufen. Dieses Denkmal stellt eine konzentrierte Geschichtslektion dar: Es berichtet von den Vorläufern Luthers wie von den Folgen der Reformation; es zeigt ihre Feinde und die Schutzherren. Dabei schaut freilich der Landgraf Philipp von Hessen so ausgemacht eitel drein, als sei sein Beiname nicht »der Großmütige«, sondern der »Hochnäsige« gewesen.

Ob Martin Luther die seither sozusagen urdeutsche Trutzformel »Hier stehe ich. Ich kann nicht anders« wirklich gebraucht hat, zieht die historische Forschung in Zweifel. Aber sie führt doch zum Wesen des Reformators, und dem Betrachter kommt unwillkürlich das Lutherlied in den Sinn, in dem es heißt:

»Und wenn die Welt voll Teufel wär
und wollt uns gar verschlingen,
so fürchten wir uns nicht so sehr,
es soll uns doch gelingen...«

»Ein feste Burg ist unser Gott«: So beginnt der Choral. Dieser Anfang leitet uns hin zu den eigentlich wichtigen Denkmälern am Rhein: den Domen, gleich ob in Xanten, Köln, Mainz, Worms, Speyer, Straßburg oder Basel. Heute handelt es sich vor allem um Touristenattraktionen, und die Besucher, die aus aller Welt herbeiströmen, fragen mit Staunen, wie die Menschen des Mittelalters die Mühe, die Mittel, den Sachverstand und die Beharrlichkeit aufbringen konnten, solche Kunstwerke zu schaffen. Ein junger Naseweis merkt in Köln sogar an, es wäre besser gewesen, den Dom in dem unfertigen Zustand zu belassen, in dem er sich bis zum 19. Jahrhundert darstellte. Denn nicht das vollendete, sondern das unvollendete oder wieder zerfallene Gemäuer läßt uns romantisch erschauern.

Ja, gewiß. Aber unsere Vorfahren waren unromantische Leute. Sie lebten so handfest irdisch und so überirdisch mit Gott, mit seinem Zorn und seiner Gnade, wie wir es uns kaum noch vorstellen können. Darum waren die Dome für sie im Wortsinne die Burgen Gottes. Ob wir hiergegen mit den Sinnbildern unserer Zeit, den Bankhochhäusern und Fernsehtürmen, standhalten werden, bleibt abzuwarten.

Rheinische Deutschstunde

Deutschlands Wiege steht am Rhein. Denn, wie der französische Historiker Lucien Febvre gesagt hat: »Deutschland liegt nicht ein für allemal zwischen Rhein und Oder. Der Rhein ist vielmehr eine Basis, ein Ausgangspunkt einer großangelegten *Reconquista*. Ein Waffenplatz derjenigen, die Deutschland erschaffen, vom Rhein aufbrechen und nach Osten marschieren.«

Vielleicht noch wichtiger als Waffen sind die Botschaften des Glaubens. Vom Rhein her dringen die christlichen Missionare, die Bischöfe und die Mönche weiter und weiter nach Osten vor, und mit ihnen wandern die Siedler, die Handwerker und Kaufleute. Klöster und Städte werden gegründet und in ihrem Schutz die Kirchen, die Dome erbaut. Schwert und Kreuz: Aus ihrer doppelten Eroberung entstehen die späteren Herrschaftsordnungen und alle deutschen Kulturlandschaften.

Auch das Heilige Römische Reich Deutscher Nation wurzelt im rheinischen Boden. Nochmals Febvre: »Es ist kein Zufall, daß die Rheinstädte im Leben des Reiches eine solche Rolle spielten. Es ist kein Zufall, daß sie so viele Reichstage beherbergten und daß innerhalb ihrer Mauern, wie etwa in Worms, so viele feierliche Urkunden unterzeichnet wurden, daß in Frankfurt am Main die Kaiser gewählt wurden, noch bevor die Goldene Bulle dies zur Regel erhob; daß siebenunddreißig Caesaren deutscher Nation von Ludwig dem Frommen bis Ferdinand I. in Aachen gekrönt wurden; daß schließlich die Kaiser über fünfhundert Jahre in dem 1030 durch Konrad II. begründeten Dom zu Speyer beigesetzt wurden.«

»Mainz« von William Turner. Der große englische Städte- und Landschaftsmaler, der von 1775 bis 1851 lebte, schuf seine Rheinbilder 1817 bei einer Reise durch die Niederlande und Deutschland.

Die Eigenart des Reiches brachte es allerdings mit sich, daß gerade an der Ausgangsbasis am Rhein die politische Ordnung mehr und mehr in Teilstücke, um nicht zu sagen zu Scherben zerfiel. Es gab die Städte, die Grafschaften, die Abteien und die Fürstentümer, vielfältig ineinander verschachtelt. Am wichtigsten waren die Fürstbistümer von Trier, Köln und Mainz, denen ja auch, neben vier weltlichen Herrschern, die Würde der Kurfürsten, also die Wahl des deutschen Königs und römischen Kaisers zustand. Man sprach von den »Krummstabslanden«, und auf Karten des Mittelalters kann man sehen, wie weit die rheinischen Kirchenprovinzen, besonders die von Köln und von Mainz, ausgriffen: bis zur Nordsee, zur Elbe und nach Süden bis in die Schweiz.

Doch nichts half gegen die immer fortschreitende Zersplitterung. Städtebünde entstanden, aber sie dauerten nicht; jeder blieb sich selbst der Nächste. Als sich das Ende des Reiches ankündigte, gab es im gesamten Rheingebiet von der Schweiz bis in die Niederlande 97 mehr oder minder eigenständige Staatsgebilde. Und alle rivalisierten miteinander, alle betätigten sich als Wegelagerer und wollten vom Rheinverkehr ihren Anteil schneiden: Man hat zwischen Basel und Rotterdam 62, nach anderer Berechnung sogar 71 Zollstationen gezählt.

Der entscheidende Stoß, der die kleinkarierten

Verhältnisse über den Haufen warf, stammte aus Frankreich. Zwar erinnerte man sich mit Schrekken an die Eroberungskriege Ludwigs XIV.; selbst die Friedensschlüsse von Nimwegen (1678/79), Ryswijk (1697) und Utrecht (1713) wurden vom Volksmund umbenannt zu: Nimm-weg, Reiß-weg, Unrecht. In unsere touristisch geprägte Bildung dringt vor allem die Zerstörung des Heidelberger Schlosses 1689 und 1693, nicht die weitere, bloß durch Blitzschlag, 1764. Seitdem handelt es sich um eine Ruine, die die Besucher aus Amerika und Japan in Scharen herbeilockt, den Gastwirten, Hoteliers und Andenkenverkäufern zum Heil. Aber das Ausmaß des Entsetzens wird erst erkennbar, wenn vom Mittel- bis zum Oberrhein in den Chroniken der Städte und Dörfer, der Burgen, Schlösser und Kirchen, sogar der ehrwürdigen Dome von Worms und von Speyer, wieder und wieder das Unheilsjahr 1689 auftaucht: Zerstörung, Vernichtung überall, Vertreibung der Bewohner; die ganze Pfalz sollte zur Wüste werden, um den Gegenstoß der kaiserlichen Heere und ihrer Hilfstruppen aus dem Reich aufzuhalten. Die Barbarei hat wenig geholfen; ein paar Jahre später erfochten der Prinz Eugen und sein englischer Verbündeter, der Herzog von Marlborough, glorreiche Siege. Der Niedergang des französischen Sonnenkönigtums begann.

Genau ein Jahrhundert nach der Verwüstung der

Pfalz begann die große Französische Revolution von 1789. Sie sprach nicht mehr von Gewalt oder Zerstörung, sondern von Verheißungen, von Menschen- und Bürgerrechten. In dem großen europäischen Konflikt, der sehr bald entbrannte, stießen die Revolutionsheere schon 1792 ins Rheinland

Federzeichnung aus dem Jahre 1801: Das Städtchen Ehrenbreitstein, inzwischen ein Teil von Koblenz, und die darüber liegende Festung erst der Kurfürsten von Trier, dann der Preußen, heute mit einem hoffentlich bombensicheren Bundesarchiv.

vor und eroberten Speyer, Worms und Mainz. Nur die Kirchenschätze, soweit man sie nicht vorsorglich in Sicherheit brachte, wurden wieder zu Opfern, weil fortan nicht mehr Gott, sondern die Göttin Vernunft herrschen sollte. Die Kämpfe wogten im wetterwendischen Kriegsgeschehen hin und her; schließlich schuf Napoleon eindeutige, das heißt französische Verhältnisse. 1797 entstanden vier rheinländische Departements mit den Hauptstädten Aachen, Trier, Koblenz und Mainz. Erstmals seit der Zeit der Römer gab es eine einheitliche Verwaltung.

Und was taten die Rheinländer? Leisteten sie Widerstand, riefen sie das deutsche Vaterland verzweifelt um Hilfe an? Nein, keineswegs. Georg Forster, bekannt durch den Bericht seiner Weltumseglung mit James Cook und seit 1788 Bibliothekar in Mainz, erklärte dort am 15. November 1792, ohne Widerspruch zu finden: »Der Rhein ist die natürliche Grenze eines großes Freistaats, der keine Eroberung zu machen verlangt, sondern nur die Nationen, die sich ihm freiwilig anschließen, aufnimmt.« Etwas später trat in Mainz ein »rheinisch-deutscher Nationalkonvent« zusammen, der am 21. März 1793 einen denkwürdigen Beschluß faßte: »Das rheinisch-deutsche Volk wünscht seinen Anschluß an die französische Republik und beantragt ihn bei ihr.« Mit diesem Beschluß trat Forster neun Tage später vor den

Konvent in Paris. Ähnlich »Undeutsches« hat es auch später noch und in anderen Städten des Rheinlands gegeben.

Man kann das verstehen. Zwar mußte man fortan als französischer-Staatsbürger seine Steuern zahlen und – mit Seufzen – Rekruten für die Armee in Napoleons niemals endenden, immer wachsenden Kriegsbedarf stellen. Aber die Bauern wurden aus ihrer Untertänigkeit, die Handwerker aus den Zunftzwängen befreit, wie die Kaufleute von den Zollschranken. Ein modernes Recht und eine leistungstüchtige Verwaltung hielten ihren Einzug. Alles in allem lebte man nicht schlechter, sondern besser als vorher. Wenn später, unter der preußischen Herrschaft, die Rheinländer sich durch selbstbewußten Bürgergeist, durch Liberalismus und durch ihren Wohlstand auszeichneten, dann sind die Grundlagen hierfür in der Franzosenzeit geschaffen worden.

Um noch einmal von Forster zu reden: Im deutschen Sprachraum war er ein Erfinder der literarischen Reisebeschreibung; seine »Ansichten vom Niederrhein« liest man noch heute mit Gewinn. Aber der Traum von einer auf Freiheit und Gleichheit gegründeten Brüderlichkeit mußte scheitern, weil gerade im Gefolge der Französischen Revolution der Nationalismus seinen Siegeszug antrat.

Über den Lebenden wurde die Reichsacht verhängt; daß Forster 1794 in Paris vereinsamt und im Elend starb, erschien als die gerechte Strafe. Und der Tote erschien den Nachgeborenen als der exemplarische Vaterlandsverräter.

Der historische Gegenstoß kam dann weit aus dem Osten. Im Jahre 1813 veröffentlichte Ernst Moritz Arndt – auf der Insel Rügen geboren, dann Professor in Greifswald, jetzt Privatsekretär des Freiherrn vom Stein – seine Flugschrift »Der Rhein Teutschlands Strom, aber nicht Teutschlands Gränze«, die wie ein Signal zum Aufbruch wirkte. Schon vorher schrieb Heinrich von Kleist sein Lied »Germania an ihre Kinder«, in dem es über die Franzosen heißt:

»*Alles, was ihr Fuß betreten,*
färbt mit ihren Knochen weiß,
welchen Rab und Fuchs verschmähten,
gebet ihn den Fischen preis,
dämmt den Rhein mit ihren Leichen,
laßt, gestäuft von ihrem Bein,
schäumend um die Pfalz ihn weichen,
und ihn dann die Grenze sein!

Chor:
Eine Jagdlust, wie wenn Schützen
auf der Spur dem Wolfe sitzen!
Schlagt ihn tot! Das Weltgericht
fragt euch nach den Gründen nicht.«

Welch ein Triumph daher, als der preußische »Marschall Vorwärts«, der greise Blücher, in der Neujahrsnacht 1814 mit seinem Heer – übrigens kampflos – bei Kaub den Rhein überschritt! Das einschlägige Heldenbild hing einst in vielen deutschen Stuben und erwärmte die Herzen.

Eine neue Etappe wurde im Jahre 1840 erreicht.

»Blüchers Rheinübergang bei Caub am 1. Januar 1814«, im Jahre 1860 zur vaterländischen Erbauung von Wilhelm Camphausen gemalt, als Symbol der Befreiung aus französischer Herrschaft.

Damals waren in Paris wieder Stimmen zu hören, die den Rhein als Frankreichs »natürliche« Grenze forderten, und darum schrieb der junge Poet Nikolaus Becker sein Lied »Der freie deutsche Rhein«, das mit den Zeilen begann:

»Sie sollen ihn nicht haben,
den freien deutschen Rhein,
ob sie wie gier'ge Raben
sich heiser danach schrein...«

Ein Gedicht, das wie der Funke im Pulverfaß wirkt und einen politischen Sturm auslöst: Wohl niemals zuvor oder seither hat es das gegeben. Gleich dutzendfach eilten deutsche Dichter zur Unterstützung herbei; den wirksamsten Beitrag leistete Max Schneckenburger mit seiner »Wacht am Rhein«:

»Es braust ein Ruf wie Donnerhall,
wie Schwertgeklirr und Wogenprall:
Zum Rhein, zum Rhein, zum deutschen Rhein,
wer will des Stromes Hüter sein?
Lieb Vaterland, magst ruhig sein,
fest steht und treu die Wacht am Rhein.«

Immer wieder, bis zum großen Aufbruch im August 1914, ist das inbrünstig gesungen worden. Es gab aber auch Gegenstimmen. Eine von ihnen bekam Heinrich Heine vom Vater Rhein höchstpersönlich zu hören:

»Willkommen, mein Junge, das ist mir lieb,
Daß du mich nicht vergessen;
Seit dreizehn Jahren sah ich dich nicht,
Mir ging es schlecht unterdessen.

Zu Biberich hab ich Steine verschluckt,
Wahrhaftig, sie schmeckten nicht lecker!
Doch schwerer liegen im Magen mir
Die Verse von Niklas Becker.

Er hat mich besungen, als ob ich noch
Die reinste Jungfrau wäre,
Die sich von niemand rauben läßt
Das Kränzlein ihrer Ehre.

Wenn ich es höre, das dumme Lied,
Dann möchte ich mir zerraufen
Den weißen Bart, ich möchte fürwahr
Mich in mir selbst ersaufen!«

(Die Steine stammten aus einer deutschen Kleinstaaten-Posse: In einer Nacht-und-Nebel-Aktion versenkten die Rheinhessen vor Biebrich große Steinmengen, um den hessen-nassauischen Hafen zu ruinieren und einen Vorteil für Mainz zu sichern.)

Deutschlands Strom, nicht Deutschlands Grenze, die Wiege der Nation samt ihren Wiegenliedern, bis zurück zum Nibelungenlied, das leider so fatal ausgeht: Es führt kein Weg an der Einsicht vorüber, daß unser Nationalbewußtsein sich am Rhein entzündet hat und daß nicht der Kampf um Freiheit und Gleicheit, um Menschen- und Bürgerrechte, sondern der gegen Frankreich einmal sein Herzstück bildete. Die Feindschaft nach außen begründete den Zusammenschluß nach innen; folgerichtig ging die Reichsgründung von 1871 aus dem Krieg gegen Frankreich hervor.

Um den deutschen Zusammenhalt auf die Dauer zu sichern, mußte auch die Feindschaft dauerhaft sein und Frankreich »der Erbfeind« bleiben. Dafür gab es kein wirksameres Mittel als die Annexion Elsaß-Lothringens. Denn mit ihr wurde der Nachbar im Westen auf die Rückeroberung, die »Revanche« festgelegt – und Deutschland wiederum auf seine »Wacht am Rhein«.

Ernst Moritz Arndt hat das nicht mehr erlebt, denn er starb 1860, aber er wäre zufrieden gewesen. Er kannte sich in den Abgründen aus und schuf aus ihnen sein nationales Vermächtnis: »Ich will den Haß gegen die Franzosen für immer. Dann werden Deutschlands Grenzen auch ohne künstliche Wehren sicher sein. Dieser Haß glühe in den Herzen des deutschen Volkes, als ein heiliger Wahn in allen Herzen und erhalte uns für immer in unserer Treue, Redlichkeit und Tapferkeit.«

Die Elsässer und Lothringer sind übrigens gar nicht erst gefragt worden. Zur Forderung einer Volksabstimmung schrieb die Augsburger Allgemeine Zeitung schon am 31. August 1870:

»Hübsch: Die Kinder sollen abstimmen, ob sie die Kinder ihrer Mutter seien ... Mit der Rute müssen wir leider anfangen. Die entarteten Kinder müssen unsere Faust fühlen. Der Züchtigung wird die Liebe folgen, und diese wird sie wieder zu Deutschen machen.« Dazu ist es nicht gekommen, sondern zur deutschen und europäischen Katastrophe im Zeitalter der Weltkriege.

»Ach«, sagt einer unserer Mitreisenden, dem ich von meinen Grübeleien berichte, »das sind alte Geschichten, die Gespenster von gestern. Sehen Sie doch, die Sonne scheint, die Schwalben schießen hin und her, die den Sommer machen, und morgen schon wird die ›Prinzessin von Preußen‹ in Straßburg anlegen und willkommen sein.«

Ja, gottlob. Aber die Erinnerung ist es, die über Gräbern wacht und den Gespenstern verwehrt, daß sie wiederkehren.

Weinproben

Es wird Zeit, daß wir zu den Genüssen einer Schiffsreise und speziell der Rheinreise zurückkehren. Vom Wein muß jetzt die Rede sein, denn was wären die Geschichte und der Mythos des Rheins ohne den Wein?

»Wenn das Wasser im Rhein goldner Wein wär...«, heißt es im volkstümlichen Schunkellied. Ja dann, so sollte man eigentlich fortfahren, wäre der Rheinwein samt allen seinen Zechern wohl längst und mit Recht in Verruf geraten. Nicht auf die Quantität kommt es an, sondern auf die Qualität, und die hat ihren Preis. »Der Wein erfreue des Menschen Herz«, heißt es schon in der Bibel, und dazu gehört auch der Weinverstand, der seine Auswahl trifft, statt blindlings nach dem Billigen zu verlangen. Wer daher im Supermarkt nach der Schleuderware greift, ist selbst schuld, wenn ihm dann der Schädel brummt, statt daß sein Geist sich klärt und erheitert. Im Grunde verschwendet er sein gutes Geld, das besser zunächst im Verzicht zu bewahren und danach für das wirklich Gute auszugeben wäre.

Um gleich noch einmal Belehrung durch die

Bibel zu suchen und an die Hochzeit von Kana zu erinnern, von der das Johannesevangelium erzählt und bei der der Wein ausging: »Es waren aber allda sechs steinerne Wasserkrüge nach der Sitte der jüdischen Reinigung, und es gingen in jeden zwei oder drei Maß. Jesus spricht zu ihnen [den

Noch einmal William Turner: »Rüdesheim, Blick auf das Binger Loch«, 1817. Es gab noch keinen Massentourismus, sondern nur diese Engländer, die, verschroben genug, Geld für Rheinreisen erübrigten. Aber der Rheinwein mundete schon damals, und sogar die Briten lernten ihn schätzen.

Dienern]: Füllet die Wasserkrüge mit Wasser! Und sie füllten sie bis obenan. – Und er spricht zu ihnen: Schöpfet nun und bringt's dem Speisemeister! Und sie brachten's. – Als aber der Speisemeister kostete den Wein, der Wasser gewesen war, und wußte nicht, woher er kam – die Diener aber wußten's, die das Wasser geschöpft hatten – ruft der Speisemeister den Bräutigam – und spricht zu ihm: Jedermann gibt zuerst den guten Wein und, wenn sie trunken geworden sind, alsdann den geringern; du hast den guten Wein bisher behalten. – Das ist das erste Zeichen, das Jesus tat, geschehen zu Kana in Galilea, und offenbarte seine Herrlichkeit. Und seine Jünger glaubten an ihn.«

Etwa wegen des kostbaren Weins, den der Meister sie trinken ließ? Wie auch immer: Einzig die Qualität bewirkt das Gaumenwunder, das wir mit einem »Ah!« quittieren. Aber zur neueren Geschichte der Weine vom Rhein und seinen Nebenflüssen gehört leider ein höchst wechselvolles Schicksal. Man hörte von Panschereien, Verzuckerungsskandalen, Fällen für den Staatsanwalt. Und vor allem überschwemmte die billige, nichts als »liebliche« Massenware den Markt, die mit dem Bestreben nach schnellem Gewinn das rheinische Ansehen ruinierte und die Preisspirale nach unten in Bewegung setzte – höchst ungerecht übrigens, weil es stets auch die kleinen Winzer und großen

Weingüter, die Genossenschaften und Vereinigungen gab, die unbeirrbar für das Gediegene kämpften und nichts anderes unter ihrem Namen verkauften. Wer sucht, wird es finden und muß nicht nach Frankreich oder Italien, nach Kalifornien oder Südafrika ausweichen.

Die »Prinzessin von Preußen« unternimmt einen Abstecher auf die Mosel und bietet uns dort, in

Chr. Georg Schulz, Ansicht von Oppenheim, mit Blick auf die Katharinenkirche. 1689 wurde der Ort, wie so viele in der Pfalz, von den Franzosen zerstört. Heute aber lebt er von der Invasion der Touristen – und natürlich vom Wein.

Bernkastel, eine Weinprobe an. Nichts gegen Moselweine, aber diese Probe verläuft in eher schaler Touristenroutine. Wir kehren also aufs Schiff zurück und unternehmen in ihren Vorräten, wie schon seit dem Beginn der Reise in Amsterdam, unsere eigenen Erkundungszüge, beraten von dem noch jungen, doch wohlinformierten ungarischen Wein-Steward Peter, begleitet von den Melodien des ebenfalls noch jungen tschechischen Bordmusikers Gabriel.

Wir widmeten uns allerdings einer besonderen Aufgabe. Denn es ist einfach, das Teuerste zu wählen und darauf zu hoffen, daß es das Beste ist – mit manchmal ungewissem Ausgang. Doch dann stellen sich statt der Kopf- bald die Geldschmerzen ein: Wer kann sich das Teuerste als Gewohnheit schon leisten, und sei es auch nur bei einer Schiffsreise? Nein, es kommt darauf an, sozusagen für den Alltag oder den Allabend unterhalb der hohen und höchsten Einstufungen und der entsprechenden Preise das Gelungene zu suchen. Daran, daß es das gibt, entscheidet sich alles, von der Entdeckerfreude über den Genuß ohne Reue bis zur wahren Bedeutung eines Weinbaugebiets. – Hier nun einige der Weißweine, die wir für gut oder köstlich befanden:

Aus der Region Mosel – Saar – Ruwer: 94er Ürziger Würzgarten, Riesling Kabinett, trocken; Geschwister Berres.

Vom Rheingau und aus Rheinhessen: 94/95er Hallgartener Mehrhölzchen, Riesling Q.b.A., halbtrocken; Frankenhof-Kellerei. (Q.b.A. = Qualitätswein bestimmter Anbaugebiete)

94er Schloß Reinhartshausen, Riesling Q.b.A., trocken; Schloß Reinhartshausen, Administration Friedrich Prinz von Preußen.

Caspar Scheuren: Oberwesel, Ansicht von Norden. Auch Oberwesel hat eine Wernerkapelle, dazu die 1689 zerstörte Schönburg, das Schloß Schönberg und vor allem seine Weinkultur.

Aus der gleichen Quelle stammen auch die beiden folgenden Weine: 95er Erbacher Rheinhell, Weißburgunder & Chardonnay Q.b.A., trocken.

94er Hattenheimer Wisselbrunnen. Riesling Kabinett, halbtrocken.

Ein Prinz von Preußen, der unter die rheinischen Weinhersteller geriet, als Konkurrent der seit langem hier ansässigen Fürsten Metternich? Tatsächlich, und offenbar mit Erfolg. Nur bei unserer Rotweinprobe hielt sein Produkt der französischen Konkurrenz nicht stand, weil es ohne den krönenden »Abgang« blieb. – Schließlich noch zwei Weine, die uns besonders gefielen:

94/95er Schloß Vollrads Grünsilber, Riesling Q.b.A., trocken, Schloß Vollrads, Graf Matuschka-Greiffenklau.

Vom Oberrhein, aus Baden: 94/95er Oberbergener Baßgeige, Müller-Thurgau Q.b.A., trocken; Weingut Schwarzer Adler, Franz Keller.

Den guten Wein genießt man gesellig, im guten Gespräch mit guten Freunden. Wer sich in die Einsamkeit seiner vier Wände oder der Schiffskabine zurückzieht, verfällt dem trübsinnigen Trinken. Der Sachverhalt bewirkte, daß wir stets zu den Letzten gehörten, die die Lounge verließen. Aber wir schliefen dann vorzüglich und erwachten in der Vorfreude auf den kommenden Tag. Um noch einmal die Bibel zu zitieren: Die Letzten werden die Ersten sein.

Auf dem Oberrhein

Im Vergleich zum Mittelrhein ist der Oberrhein ein eher unromantischer und darum beinahe unbekannter Fluß. Wenn man von Mannheim-Ludwigshafen und Straßburg-Kehl absieht, gibt es wenige Rheinuferstädte von Bedeutung; selbst Karlsruhe zeigt sich vornehm distanziert. Worms und Speyer wären natürlich noch zu nennen, doch eher im Respekt vor ihrer mittelalterlichen Geschichte und ihren ehrwürdigen Domen. Auf weiten Strecken sieht es indessen fast so aus, als fahre man durch unbesiedeltes Land. Wie zwischen höflichen Leuten, die sich erstmals begegnen, scheint deshalb eine Vorstellung geboten.

Am Anfang steht die bestürzende Einsicht, daß Deutschland und Frankreich keine Annäherung suchen, sondern sich voneinander entfernen – geologisch betrachtet, und zwar um durchschnittlich 0,5 Millimeter pro Jahr. In menschlichen Maßen mag das wenig bedeuten, aber man muß nur Geduld haben: Seit dem Eozän, in 50 Millionen Jahren, ist der Oberrheingraben um vier bis fünf Kilometer eingesunken, und um eine ähnliche Strecke haben sich seine Randzonen auseinanderbewegt. Es handelt sich um ein tektonisch unruhiges Gebiet, mögliche Erdbeben eingeschlossen.

Die Jahrmillionen entziehen sich unserem Vorstellungsvermögen, aber vielleicht gewinnt man die Anschauung zurück, wenn man von Straßburg nach Basel fährt. Gute Fernsicht vorausgesetzt, erkennt man zur Linken den Schwarzwald, zur Rechten die Vogesen: ein doppelt schöner Anblick. Erdgeschichtlich jedoch handelt es sich um die bei-

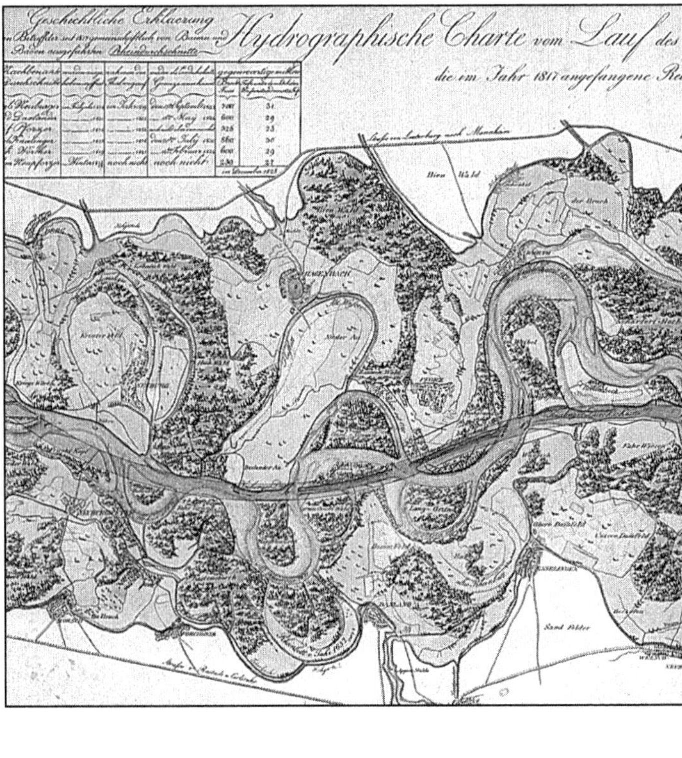

den Randzonen des Gebirgsmassivs, das zwischen ihnen einst bestand und dann einbrach.

Auf seinem Grabenboden ließ der Rhein es sich wohl sein. Übermütiger noch als am Niederrhein mäanderte er, schlug Haken, legte zahllose Schlin-

Kartendarstellung vom Oberrhein. Seit 1817 zwang der Baumeister Tulla den Fluß aus seinen Schlingen heraus zum kanalartig geraden Lauf.

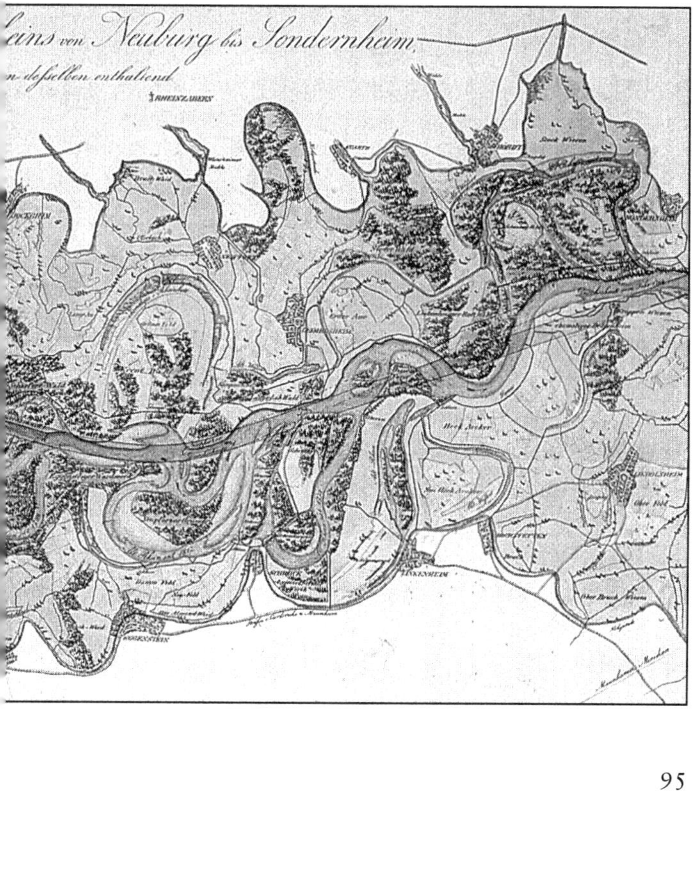

gen an, oft bis nahe an ihren Ausgangspunkt zurück, veränderte immer wieder seinen Lauf und überschwemmte für Wochen und Monate, für 100 oder auch 200 Tage im Jahr das Umland. Eine einzigartig weite Sumpf- und Auenlandschaft entstand, üppig bewachsen. In den Überschwemmungsgebieten gedieh die Silberweide, gefolgt von Erle und Pappel; auf den etwas trockneren »Inseln« erhoben sich Stieleiche, Esche, Feldulme und andere Baumarten – um vom Röhricht und von der Vielfalt der Büsche und Kräuter nicht erst zu reden. Zugleich handelte es sich um Vogelparadiese und um reiche Fischgründe mit Forelle, Lachs, Aal, Barbe, Stör, Hecht…

Aber wie wir schon aus der Bibel wissen, sind wir nur bedingt paradiestauglich. Hier waren es nicht »die Cherubim mit dem bloßen, hauenden Schwert«, die den Weg verstellten, sondern – kaum weniger wirksam – die Mücken. Es gibt Haupt- und Unterarten, von Tipoliformes, den Schnaken, bis zu Culicidae, den Stechmücken. In den Rheinauen gediehen besonders »Aedes vexans« – Quälgeist oder Überschwemmungsmücke –, »Anopheles«, die berüchtigte Fiebermücke, und »Lulex pipiens«, die summende Mücke oder gemeine Hausmücke, deren Anflug mit dem »Kammerton a« uns in Panik versetzt. Die Kombination von Überschwemmungsgefahr und Mückenplage macht verständlich, warum durchweg die menschlichen

Siedlungen einen respektvollen Abstand wahrten.

Gleichwohl blieb die Auenlandschaft nicht ungenutzt. Aus ihren Wäldern schlug man das Holz, das dann bis nach Holland hinunter geflößt wurde. Es gab Fischergilden – und die Goldwäscher, fast wie vor hundert Jahren in Alaska am Klondike. Das Rheingold, von dem die Sagen und Richard Wagner erzählen, lag nicht irgendwo zwischen den Felsen des Mittelrheins auf dem Flußgrund verborgen, sondern es wurde aus den Alpen, vom gebirgigen Ursprung her mit Glimmer, Quarz und Feldspat in winzigen Plättchen zu Tal geschwemmt und am Oberrhein abgelagert. Im Jahre 1838 zählte man in Baden noch 400 hauptberufliche Goldwäscher, an die der Staat die Schürfrechte verpachtete, und von 1804 bis 1834 wurden 145,5 Kilogramm Gold an die Münze in Karlsruhe abgeliefert. Erst 1874 stellte der letzte Goldwäscher seine Arbeit ein, weil sie nicht mehr lohnte.

Denn inzwischen hatten sich die Verhältnisse grundlegend verändert. Der ungebärdige Fluß sollte endlich zur Ordnung gerufen und ein brauchbarer, möglichst geradliniger Schiffahrtsweg werden. Der Vater dieser Rheinerziehung war der Wasserbauingenieur Johann Gottfried Tulla (1770-1828). Seit 1804 in badischen Diensten, gründete er die Karlsruher Ingenieurschule, die

Vorläuferin der heutigen Technischen Universität. »In der Regel«, schrieb Tulla, »sollten in kultivierten Ländern die Bäche, Flüsse und Ströme Kanäle sein und die Leitung der Gewässer in der Gewalt der Bewohner stehen.«

Genauer kann man das Traumziel der modernen Weltbemächtigung, hier als das wasserbauliche, kaum formulieren. Die Arbeiten an der Rheinbegradigung begannen 1817, wurden über Tullas Tod von seinen Nachfolgern fortgeführt und 1879 abgeschlossen, für das Zeitalter der Dampfschifffahrt genau zum richtigen Zeitpunkt. Schon vorher ließ der Landesherr am Karlsruher Rheinufer einen Gedenkstein setzten mit der Inschrift: »Dem grossh. badischen Ingenieur Oberst I.G. Tulla, dem verdienstlichen Gründer der zum großen Nutzen aller Uferbewohner unter der segensreichen Regierung des Großherzogs Carl Friedrich unternommenen Rhein Rectifikation zum ehrenden Andenken von Markgraf Max von Baden 1853.«

Daß man einen Fluß zum Kanal dressieren sollte, ließen sich als Musterschüler Tullas die Franzosen nicht zweimal sagen, als sie nach dem Ersten Weltkrieg an den Rhein zurückkehrten. Gestützt auf den eigens dafür geschaffenen Artikel 358 des Versailler Vertrages begannen sie mit dem Bau des Rheinseitenkanals oder des Grand Canal d'Alsace. Der Zweite Weltkrieg unterbrach die Arbeiten; im

Ergebnis wurde der Grand Canal nicht bis Straßburg, sondern nur bis Breisach geführt. Von da an hat man – nunmehr im französisch-deutschen Einvernehmen – ein etwas anderes System angewandt: Der Rhein wird jeweils durch ein Wehr gestaut; ein nun kurzer Seitenkanal führt zur Staustufe mit Schleuse und Kraftwerk und von dort wieder ins Rheinbett zurück; man spricht von der Schlingenlösung. Heute gibt es von Kembs, gleich unterhalb von Basel, über Straßburg hinaus bis Iffezheim oder von den Flußkilometern 173,975 bis 334 insgesamt 10 Staustufen; die letzte wurde 1977 fertiggestellt.

Für den Güterverkehr sind die Vorteile groß. Schiffe bis zu 2000 Tonnen Tragfähigkeit können jetzt ganzjährig Basel erreichen, und sie kommen bei der Bergfahrt mit einer um drei Viertel verminderten Energieleistung aus, weil das Schleusensystem ihnen die Mühe des Aufstiegs in der Hauptsache abnimmt. Man möchte kaum glauben, daß der Ertrag so groß ist, aber man gewinnt davon eine Ahnung, wenn man sieht, wie schwer die Schiffe am schnell fließenden Mittelrhein etwa bei Bacharach oder Bingen gegen die Strömung ankämpfen – und wie mühelos sie auf dem kanalisierten Oberrhein dahingleiten. Zeitverluste entstehen dagegen kaum. Sofern sich vor den Schleusen kein Stau bildet, dauern die Einfahrt in ihre Kammern und der Anhub um jeweils etwa 10 bis

15 Meter nur wenige Minuten. Im übrigen ist noch die umweltfreundliche Energiegewinnung aus den Kraftwerken zu nennen.

Doch zugleich sind neue Probleme entstanden. Der Rhein erwies sich als unerwartet erfindungsreich und überraschte die Ingenieure stets aufs neue. Zum Beispiel vertiefte er eigenmächtig sein Flußbett, wo es ihm eigentlich verboten war, und lagerte sein Geschiebe dann an den unpassenden Orten ab. Für uns Laien wird die Schwierigkeit von Flußregulierungen vielleicht an einer Anekdote sichtbar. Der Sohn von Albert Einstein, Hans Albert Einstein, arbeitete in der Versuchsanstalt für Wasserwirtschaft an der Eidgenössischen Technischen Hochschule Zürich. Als er seinem Vater erklären wollte, womit er sich befaßte, winkte der schließlich ab und riet zum Fachwechsel: »Laß die Finger davon. Das ist viel zu kompliziert.«

Leider hat diese Kompliziertheit niemanden davon abgehalten, kühne chirurgische Eingriffe zu wagen. Zu den schlimmen Folgen der Kanalisierung gehört die Absenkung des Grundwassers. Im verlorenen Wettbewerb mit dem Grand Canal ist dem Rhein hinter Kembs bei normalem Wasserstand nur ein klägliches Rinnsal geblieben; die Ufergebiete sind ausgetrocknet und versteppt. Insgesamt gab es für die Auenlandschaften und Auwälder kaum eine Überlebenschance, außer sozusagen im Museum, in sorgfältig gehüteten

Naturreservaten. Wer noch erleben will, wie es am Rhein einmal aussah, sollte das hessische Naturschutzgebiet Kühkopf-Knoblauchsaue besuchen, Flußkilometer 469 bis 478, südlich von Groß-Gerau nahe bei Riedstadt und Stockstadt. Von Mainz, Frankfurt, Darmstadt und Mannheim aus läßt es sich leicht erreichen.

Die »Prinzessin von Preußen« macht in Rheinau, französisch Rhinau, am Flußkilometer 248,8 Station. Ein Bus bringt uns auf die badische Seite

Naturschutzgebiet »Taubergießen« bei Rheinau. Beinahe unberührte Natur voller Vögel, Fische und Mücken: So sah es am Oberrhein einmal aus.

hinüber zu einer Kahnfahrt auf dem Taubergießen. Hier scheint die Zeit stillzustehen – und entsprechend verspäten wir uns bei der Rückkehr aufs Schiff, zur Verzweiflung des Chefkochs. Von einem Bootsführer dirigiert, gleiten die flachen Kähne fast unmerklich mit der Strömung dahin, manchmal unter überhängendem Gezweig hindurch, dann wieder über geweitete Flächen. Dichter Wald zu beiden Seiten, vielstimmig von Vogelrufen belebt, Seerosen und andere Blüten als Wasserschmuck, Forellen, Wildenten, Haubentaucher und Schwäne als Begleiter, Fischreiher als die Zuschauer: Hier glaubt man wahrlich an eine Heimkehr in den verlorenen Garten Eden, und trotz der vorsorglichen Warnung, sich mit Insektenschutzmitteln zu wappnen, zeigen nicht einmal die Mücken viel Angriffslust. Vielleicht nur im fernen Ostpreußen, auf der masurischen Krutinna, kann man etwas Vergleichbares finden. Aber hier, wie inzwischen so oft, handelt es sich um ein beinahe schon künstliches Paradies, um ein mit viel Mühe, Aufwand und Liebe bewahrtes, eng umgrenztes Naturreservat.

Ein konsequentes Gegenstück zur Austrockung bilden die Hochfluten des Rheins. Dank seiner Einengung und Begradigung hat sich die Fließgeschwindigkeit erhöht. Früher brauchte eine Flutwelle von Basel bis Maxau bei Karlsruhe 65 Stunden; heute durcheilt sie die Strecke in 30

Stunden. Früher war der Scheitelpunkt des Hochwassers aus den Nebenflüssen in der Regel schon überschritten, wenn der des Rheins eintraf; heute fallen beide zusammen. Man versucht inzwischen, Polder zu schaffen, die bei Bedarf geöffnet werden können und einen Teil der Wassermengen aufnehmen sollen. Doch es steht dahin, ob sie genügen und ob die Verantwortlichen rechtzeitig reagieren. Man hat schon die Hilferufe von den Leuten am Mittelrhein vernommen, denen das Wasser buchstäblich bis zum Halse stand, indessen die Polder weiterhin trocken blieben. Aber was geht es die Behörden in Baden-Württemberg an, wenn man in Rheinland-Pfalz oder gar in Nordrhein-Westfalen ertrinkt? Jeder ist sich selbst der Nächste.

Auch von den Nebenflüssen des Rheins müßte man reden, besonders von der Mosel. In Bernkastel und anderen Uferorten sieht man immer wieder die Hochwassermarkierungen, fast gespenstisch hoch an den Häusern hinauf. Zwar stammt die höchste aus dem Jahre 1784, aber gleich danach häufen sich die Striche aus dem letzten Vierteljahrhundert. Die nächsten sogenannten Naturkatastrophen, die doch wesentlich von Menschen gemacht sind, werden also kaum sehr lange auf sich warten lassen.

Eine Hymne für Strassburg

Grenzen verriegeln sich, wenn man an ihnen rüttelt – und können zu Brücken werden, wenn niemand mehr sie in Zweifel zieht. Dieser Satz bestätigt sich auf schönste, als wir in Straßburg die »Prinzessin von Preußen« zur Stadtbesichtigung verlassen: Kein Zollbeamter und kein Paßkontrolleur ist weit und breit zu sehen. Den Jüngeren mag das, gottlob, schon selbstverständlich sein, aber den Älteren fällt es noch auf, weil sie etwas ganz anderes in Erinnerung haben. Im deutsch-französischen Jahrhundertestreit war Straßburg immer das Kleinod, das Symbol des Zanks. Mit Begeisterung brachen wir jungen Studenten darum bald nach dem Krieg zur Sternfahrt nach Straßburg auf, um Europa zu schaffen. Doch wie weit klafften damals die Wirklichkeit und unsere Hoffnungen auseinander! Jetzt sind sie beinahe schon zur Deckung gelangt, und weil ins Vergessen sinkt, was einmal war, sollte man im Rückblick weisen und mutigen Männern wie Robert Schuman, Alcide de Gasperi, Konrad Adenauer und Jean Monnet noch einmal dafür danken, daß sie den Grundstein legten für eine bessere Zukunft.

Der Zankapfel im Jahrhundertestreit: Folgerichtig ist Straßburg zu einem Ort der Versöhnung, zum symbolträchtigen Sitz von Institutionen wie dem Europarat und dem Parlament der Europäischen Union geworden. Bevor wir indessen die schimmernden Neubauten Europas wenigstens im Vorüberfahren besichtigen, entzückt uns ein höchst unerwarteter Anblick: Störche! Sie sind zwar ein Wahrzeichen des Elsaß, aber hier wie fast überall in Mitteleuropa hat der fortschreitende Verlust ihrer Nahrungsgebiete – nicht zuletzt in den Rheinauen – ihre Bestände vermindert, oft sogar vernichtet. Um so mehr überrascht und erfreut es, wenn sie mitten in einer geschäftigen Großstadt, oder doch in den Außenbezirken, noch ihre Nester erbauen, sogar auf Straßenbäumen gleich über dem Autoverkehr.

Ein paar Stichworte zur Geschichte: Wie überall am linken Rheinufer geht die erste historisch bekannte Siedlung, Argentoratum, auf die Römer zurück. Später siedelten sich hier die Alamannen an, auf die ja, jedenfalls in ihren Restbeständen, die Sprache des Elsaß bis heute verweist. Seit der fränkischen Zeit regierten die Bischöfe, bis die Bürger sich durchsetzten und Straßburg im Jahre 1262 zur Reichsstadt aufrückte. Die Konflikte setzten sich dann innerhalb der Bürgerschaft fort; 1334 siegten die Zünfte über die Patrizier. Zur mittelalterlichen Geschichte gehören aber auch der Dichter Gottfried von Straßburg und der Mystiker Meister Eckart.

Im 15. und 16. Jahrhundert erhob sich Straßburg mit Männern wie Sebastian Brant, Thomas Murner, Jacob Wimpfeling und Johann Geiler von Kaysersberg zu einem Mittelpunkt des rheinischen Humanismus; der größte unter den Humanisten, Erasmus von Rotterdam, wurde hier auf seinen Rheinreisen festlich empfangen und als der Fürst des Geistes geehrt, der er war. Ebenso schloß sich die Stadt schon früh, 1521, der Reformation an; für anderthalb Jahrhunderte predigte, sang und betete man im Münster evangelisch. Die theologische Schule, 1538 von Jacob Sturm gegründet, wurde zum geistigen Zentrum des südwestdeutschen Protestantismus und zur Keimzelle der reichsstädtischen Universität von 1621.

Der Dreißigjährige Krieg ruinierte Deutschlands Städtekultur. Doch zur Gunst der Geschichte gehörte, daß Straßburg hiervon ebenso verschont blieb wie von der Verwüstung rheinischer Gebiete 1689. Denn schon zuvor, am 30. September 1681, hatte Ludwig XIV. im Zuge seiner »Reunionen« der Stadt besetzt und für französisch erklärt. Das Münster wurde nun wieder katholisch, die Bürgerschaft aber bewahrte ihre überkommene Selbstverwaltung bis zur Revolution von 1789. Erst dieser historische Umbruch leitete einen nachhaltigen Wandel ein: den Anschluß an ein Nationalbewußtsein, das sich auf Freiheit und Gleichheit, auf Menschen- und Bürgerrechte statt auf die Sprache oder gar, wie dann in Deutschland, auf die »Blutsbande« berief.

Die Altstadt wird von den Armen der Ill umflossen, so daß man sie, fast wie Amsterdam und Venedig, auch bei einer Bootsfahrt besichtigen kann.

Peter Birmann: Blick vom Isteinerklotz rheinaufwärts gegen Basel. Ach, so war es früher und ist es nicht mehr; wir selbst, im Triumph unserer Macht, haben uns aus den Paradiesen vertrieben.

Wir wählen den Fußweg, kundig geleitet von einem jungen Mann, der sich aufs Wesentliche konzentriert und nicht der Geschwätzigkeit verfällt, der Berufskrankheit so vieler Fremdenführer. Und was gibt es nicht alles zu sehen: etwa die Gewerbslauben an der Rue des Grandes Arcades und den Alten Fischmarkt an der Rue du Vieux Marché aux Poissons, das Viertel der Müller, Gerber und Fischer im Südwesten, die Staden oder Quais an den Illufern. Immer neu gerät man in idyllische Winkel und an wundersame Durchblicke, immer auch in das Staunen vor einzelnen Bauten, zum Beispiel beim Gerberhaus an einem Seitenarm der Ill oder beim Haus Kammerzell am Münsterplatz. Entzücken wieder und wieder, das sich von den Teilen aufs Ganze überträgt: Wahrlich, wo sonst noch findet man eine deutsche Stadt, die dem Vergleich standhält?

Eine deutsche? knurrt sogleich die politische Korrektheit. Ja, warum denn nicht? Schließlich handelt es sich im historischen Kern doch um die ehrwürdige Reichsstadt des Heiligen Römischen Reiches Deutscher Nation. Zum Ausgleich sei erwähnt, daß die schwersten, zum Glück nicht verheerenden Schäden, die sie jemals erlitt, aus der preußisch-deutschen Belagerung und Beschießung von 1870 stammten – woran sich dann nach 1871 ein großer wirtschaftlicher Aufschwung anschloß, der sich über alle politischen Wechselfälle hinweg bis heute fortsetzt und nicht zuletzt aus der Hauptstadt des Elsaß, in enger Verbindung mit der deutschen Uferstadt Kehl, den nach Rotterdam und Duisburg bedeutendsten Rheinhafen gemacht hat.

Wir haben vom Kölner Dom geschwiegen, weil er allzu bekannt ist. Immer sehen wir ihn, wenn wir über die Rheinbrücke in den Kölner Hauptbahnhof einfahren. Immer wird er uns als ein Sinnbild der deutschen Gotik, der deutschen Baukunst, wenn nicht des Deutschen überhaupt vor Augen gestellt – obwohl doch das historische Vorbild und der erste Dombaumeister, Gerard, aus Amiens stammten. Alles ist längst schon gesagt worden, was zu dem Wunderwerk zu sagen ist, und indem wir mit der gebührenden Ehrfurcht zu den Himmelsstrebungen aufschauen, ergreift uns hinterrücks eine Art oder Unart von Langeweile. Aber vor dem Straßburger Münster könnten wir vielleicht wieder neu sehen lernen, angeleitet von dem Studenten der Rechtswissenschaften Johann Wolfgang Goethe. In seiner Abhandlung »Von deutscher Baukunst« bekennt er freimütig:

»Unter der Rubrik *gotisch*, gleich dem Artikel eines Wörterbuchs, häufte ich alle synonomischen Mißverständnisse, die mir von Unbestimmtem, Ungeordnetem, Unnatürlichem, Zusammengestoppeltem, Aufgeflicktem, Überladenem jemals durch den Kopf gegangen waren.« So näherte Goethe

Schauplatz der Jugendliebe zwischen Johann Wolfgang Goethe und Friederike Brion: das Pfarrhaus zu Sesenheim. Goethe selbst hat es gezeichnet.

sich dem Straßburger Münster, »und so graute mirs beim Gehen vorm Anblick eines mißgeformten, krausborstigen Ungeheuers. – Mit welcher unerwarteten Empfindung überraschte mich der Anblick, als ich davortrat! Ein ganzer, großer Anblick füllte meine Seele, den, weil er aus tausend harmonierenden Einzelheiten bestand, ich wohl schmecken und genießen, keineswegs aber erkennen und erklären konnte.«

Wir teilen die Empfindung – und bleiben, eben damit, vom altklugen Erklären so weit entfernt wie der Dichter. Bürgerstolz und Glaube an Gott, der Triumph des Geistes aus Statik und Stein: Was dachten, was fühlten die Menschen, die ihn sich erschufen? Sind sie uns unendlich fern oder heimlich doch nahe? Was würde ein Baumeister wie Erwin von Steinbach zum Sinn seines Tuns uns sagen? Fragen über Fragen, und wer unter ihren Bann gerät, den lassen sie so leicht nicht mehr los.

Goethe ist in Straßburg noch in einen anderen Bann geraten, den des Pfarrhauses zu Sesenheim (französisch: Sessenheim), etwa 25 Kilometer nördlich gelegen. Der Liebe zu Friederike Brion verdanken wir »Willkommen und Abschied«, eines seiner schönsten Gedichte:

»Es schlug mein Herz, geschwind zu Pferde!
Es war getan, fast eh' gedacht.
Der Abend wiegte schon die Erde,
und an den Bergen hing die Nacht;
schon stand im Nebelkleid die Eiche,
ein aufgetürmter Riese, da,
wo Finsternis aus dem Gesträuche
mit hundert schwarzen Augen sah.

Der Mond von einem Wolkenhügel
sah kläglich aus dem Duft hervor,
die Winde schwangen leise Flügel.
umsausten schauerlich mein Ohr;
die Nacht schuf tausend Ungeheuer,
doch frisch und fröhlich war mein Mut:
in meinen Adern welches Feuer!
In meinem Herzen welche Glut! …«

In Sesenheim findet man heute ein Goethe-Friederike-Museum und eine Goethe-Gedächtnisstätte. Auf einer Tafel steht geschrieben: »Mit der Sesenheimer Gedenkstätte huldigt Frankreich dem größten Sohn Deutschlands und dem Menschen, der zum Streben in Liebe als höchstem Prinzip und Gewähr des Heils aufgerufen hat. Sesenheim birgt diese hohe Stätte des Geistes, weil das Dorf die Liebe Friederike Brions, eines seiner Kinder, und Goethes, des Straßburger Studenten, gesehen hat. Die Inschrift an der Mauer erinnert an Glanz und Leid des Erlebnisses.«

Ausklang in Basel

Unsere Rheinreise nähert sich ihrem Ende: Am elften Tag nach dem Ablegen in Amsterdam erreicht die »Prinzessin von Preußen« ihren Liegeplatz in Basel. Doch es lohnt sich, hier den Abschied noch zu verzögern, obwohl die Stadt hinter ihrer alten Rivalin Zürich heute deutlich zurücksteht; 1995 gab es gerade noch 172000 Einwohner und nur etwa 200000 im gesamten Halbkanton Basel-Stadt – bei schrumpfenden Zahlen, weil, wie überall, die Leute ins Umland hinausziehen. Und weil man beengt lebt, hart an der Grenze zu Frankreich und Deutschland, mußte auch der Flughafen in die elsässische Nachbarschaft verlegt werden.

Aber erst einmal handelt es sich um das eidgenössische Tor zur Welt. In Basel ist eine stolze Rheinflotte mit (1995) 165 Schiffen zu Hause, die für die 832 Kilometer bis Rotterdam drei bis vier Tage und für die Rückfahrt bei einem Anstieg um 245 Meter etwa eine Woche benötigen. Wer an diese Weltgeltung zu Wasser nicht glauben mag, besuche die Schiffahrtsdemonstration »Unser Weg zum Meer« an der Hochberger Straße. Man erfährt, daß als erstes Dampfschiff die »Stadt Frankfurt« Basel im Jahre 1832 erreichte und daß der erste Rheindampfer der Schweiz 1919 im fernen Breslau erbaut wurde.

Seiner Lage an einem Schnittpunkt der Verkehrswege verdankt Basel den geschichtlichen Aufstieg zur Stadt der Kaufherren und ihrer Handelsmessen. Sogar die Großherzigkeit und der Erwerbssinn schlossen einander nicht aus: In der Zeit der Gegenreformation nahm das protestantische Basel verfolgte Glaubensbrüder willig auf – sofern sie denn wohlhabend waren oder jedenfalls über Fertigkeiten verfügten, die man brauchen konnte. Aus solcher Weisheit stammen die Anfänge einer Textilindustrie, die besonders im 18. und 19. Jahrhundert ihre Blütezeit erlebte. Die Seidenbandproduktion schuf sich dann Färbereien, und aus ihnen ging wiederum die chemische und pharmazeutische Industrie mit so berühmten Namen wie Ciba-Geigy, Sandoz und Hoffmann-La Roche hervor, die heute ein Drittel des kantonalen Sozialprodukts und rund 20 Prozent des gesamten eidgenössischen Exports erwirtschaftet. Folgerichtig sind die Baseler keine armen Leute; das Pro-Kopf-Einkommen des Gesamtkantons liegt – nach Zug und gottlob vor Zürich – in der Schweiz an zweiter Stelle.

Ein besonders eindrucksvolles Beispiel für die Verbindung von Weltoffenheit und Geschäftstüchtigkeit liefert das Basler Konzil von 1431 bis 1448. Sein Ziel war es, die Kirche zu erneuern. Aber zunächst einmal, 1432, führte es dazu, daß drei neue Bordelle eingerichtet wurden.

Was der Bürgergeist sonst noch zustande bringt, erfährt man fast nebenher, wenn man den Zoologischen Garten besucht, den die Einheimischen kurz und liebevoll »Zolli« nennen und der sich unweit vom Schweizerischen Bundesbahnhof in eine Schlucht duckt. An vielen Tiergehegen liest man, daß sie von Freunden und Förderervereinen des Zoos gestiftet wurden, wie manchmal auch einzelne Tiere. Im übrigen wird dieser Zoologische Garten von einem schönen alten Baumbestand geprägt, so daß man in ihm drückend heiße Sommertage sehr erholsam verbringen kann.

Der Stiftergeist führt uns zurück in die Stadt der Musik oder mehr noch in die der Museen. Die Musik erlebt man im einschlägigen Saal des Stadt-Casinos, der von seiner Akustik her zu den fünf besten der Welt gezählt wird. Wer unmusikalisch ist, besuche die Museen. Etwa dreißig gibt es, beinahe alle von Rang – für die Größe oder Kleinheit der Stadt eine erstaunliche Zahl, die ohne den traditionsreichen Stiftergeist gar nicht zu erklären ist. Die Patrizier gingen voran, die Zünfte folgten, und die Bürger unserer Tage schließen sich an. Es ist noch nicht lange her, daß es darauf ankam, eine kostbare, doch natürlich auch kostspielige Picasso-

Sammmlung zu erwerben. Sollte man dafür sein gutes Geld ausgeben? Bei der Volksbefragung stimmte eine klare Mehrheit mit Ja.

Schon etwas weiter, bis ins Jahr 1460, reicht die Universität zurück, auch sie eine Gründung aus dem Bürgerwillen statt aus fürstlichem Ratschluß. Von den Gelehrten, die den Ruhm der Hohen Schule begründeten, seien neben vielen anderen die Mathematiker Jacob und Johann Bernoulli genannt, für die neuere Zeit der Historiker Jacob Burckhardt, der Philosoph (aber Professor für klassische Philologie) Friedrich Nietzsche, der Theologe Karl Barth und der Philosoph Karl Jaspers. Mit der Universität erblühten bald der Buchdruck und, durch ihn beflügelt, der Humanismus.

Der selbstbewußte Bürgergeist gehört natürlich nicht nur zu Basel, sondern zu den Menschen insgesamt, die die Ufer des Rheins bewohnen. Denn er hat sie entscheidend geprägt – und am Ende doch nicht die Herrschaft der Bischöfe oder der Zugereisten von den Römern über Napoleon bis zu den Preußen. So gesehen erweist sich Basel als die exemplarisch rheinländische Stadt.

Einer der Großen oder vielmehr der größte unter den gelehrten Humanisten – eingedeutscht: Menschenkennern und Menschenfreunden – war Erasmus von Rotterdam, und ehe wir die Stadt verlassen, muß ich ihn unbedingt noch im Münster von Basel besuchen. Denn seit mich vor fünf Jahren im

Erasmus, in Rotterdam geboren und in Basel begraben, der große Humanist und Europäer. Hans Holbein d.J. hat ihn 1523 gemalt.

ostpreußischen Königsberg, inzwischen dem weltverlorenen Kaliningrad, ein Rosenstrauß auf dem Grab von Immanuel Kant anrührte, treibt mich der Vorsatz, auch dem Erasmus eine Freude zu bereiten – und wenn schon nicht überschwenglich gleich mit einem Strauß, dann doch mit einer einzelnen Rose. Als ich sie an seiner Grabplatte niederlege, tönt irgendwo aus dem Gewölbe des Münsters ein vieldeutiges Lachen.

Der weltberühmte Kollege hat in seinem »Lob der Torheit« zwei Arten von Schriftstellern unterschieden. Der eine, der kluge, will sich Unsterblichkeit sichern – aber um welchen Preis? »Er macht Zusätze, ändert ab, streicht, ergänzt, erneuert, prägt um, erklärt und ist nach neunjährigem Brüten mit seinem eigenen Werk nicht zufrieden. Seinen trügerischen Lohn sucht er in der Anerkennung, die er aber nur bei wenigen findet und die ihn teuer genug zu stehen kommt. Nachtwachen, Schlaflosigkeit – wo doch der Schlaf von allem das Angenehmste ist –, Schweiß und Qualen gilt es auf sich zu nehmen. Dazu kommt die Zerrüttung der Gesundheit, die äußere Verkümmerung, Triefäugigkeit oder gar Blindheit, Armut, Neid, Verzicht auf Vergnügen, vorzeitiges Altern, früher Tod ...«

Der andere Schrifsteller macht die Toren glücklich, zu denen er selber gehört. »Ohne Vorarbeit schreibt er, was ihm gerade einfällt und unter die Feder kommt. Seine Hirngespinste setzt er gleich in Buchstaben um und hat nur wenig Scheu vor dem Druck. Er weiß, daß der gröbste Unfug von den meisten, das heißt von allen Dummen und Ungebildeten anerkannt wird. Was macht es schon aus, daß drei gebildete Männer, die es doch noch gelesen haben, verächtlich die Achsel zucken? Was wiegt schon die Stimme der paar Klugen gegen einen solchen Haufen?«

Erasmus wurde um das Jahr 1469 in Rotterdam geboren und ist 1536 in Basel gestorben. Soll man ihn darum einen Rheinländer nennen? Jahre seines Lebens hat er in den Niederlanden, in Frankreich, in England, in Italien und Deutschland verbracht, ein beispielhafter Europäer. Oder war er ein unsteter Wanderer? Als der Reformator Ulrich Zwingli ihm das Bürgerrecht von Zürich antrug, lehnte er höflich, doch bestimmt ab: »Ich danke Dir sehr für Deine und Deiner Stadt liebenswürdige Gesinnung mir gegenüber. Ich wünsche Weltbürger zu sein, allen zu gehören, oder besser noch Nichtbürger bei allen zu sein.« Niemand, auch keine Nation, kann ihn also für sich beanspruchen, und in dem großen Kampf zwischen Reformation und Gegenreformation hat er es bald mit beiden Seiten verdorben, indem er seinen angemessenen Platz zwischen den Fronten einnahm. Als er aber 1514 von England aus den Rhein hinauf nach Basel fuhr, wurde er nicht nur in Straßburg begeistert empfangen. Vielleicht paßt er doch gut an den Strom, der Basel mit Rotterdam verbindet. Denn wer, außer dem Wahn, darf den Rhein für die eine oder andere Nation, Konfession oder Gesinnung in Erbpacht nehmen?

Jedenfalls erscheint es als angemessen, daß im Münster zu Basel der Mann begraben liegt, dessen berühmteste Schrift dem immerfort doppelbödigen »Lob der Torheit« gewidmet ist. Unversehens nämlich gehört als Gegenseite von Erwerbssinn und Bürgerstolz etwas Abgründiges zu dieser

Stadt. Man erlebt es mit ihren Narren in der Basler Fasnacht. Am Montag nach Aschermittwoch, Punkt vier Uhr morgens, erlöschen die Straßenlampen; man hört den Ruf »Morgestaich, vorwärts marsch!« – und dann bloß noch die Trommeln und Pfeifen der Gruppen oder »Cliquen«, die kreuz und quer durch die Gassen der Altstadt ziehen, hunderte an der Zahl. Manchmal sieht man auch Maskenträger, die in sich versunken ganz allein umherwandern.

Etwas Unheimliches ist um diese Masken, die sich im Zwielicht ihrer mitgeführten Laternen eher noch verdüstern als erhellen, Unheimliches auch an dem Trommeln und Pfeifen, wie es in der Vielzahl der Gruppen sich mischt und verwirbelt; unendlich fern ist dieses Schau- und Hörspiel dem dröhnenden Frohsinn jenes rheinischen Karnevals, den wir aus Mainz, Köln oder Düsseldorf kennen. Hängt das mit dem protestantischen statt katholischen Ursprung zusammen? Oder geht es um eine Darstellung des Lebens, von dem wir wissen, daß der Tod es umfängt?

Im närrischen »Lob der Torheit« heißt es: »Was ist denn das menschliche Leben schon anderes als ein Schauspiel, in dem die einen vor den anderen in Masken auftreten und ihre Rolle spielen, bis der Regisseur sie von den Brettern abruft?«

Abschied von Basel und vom Rhein: Es wird jetzt Zeit, die Heimreise anzutreten.

Hinweise zur Literatur

Vielleicht regt dieses Buch manche Leser dazu an, sich näher mit dem Rhein zu beschäftigen und Unbekanntes zu entdecken. Dazu mögen die folgenden Hinweise zur Literatur nützlich sein.

Aubin, Hermann: Geschichte des Rheinlandes von der ältesten Zeit bis zur Gegenwart, 2 Bände, Essen 1922.

Augustijn, Cornelis: Erasmus von Rotterdam. Leben, Werk, Wirkung, München 1986.

Borger, Hugo (Herausgeber): Der Kölner Dom im Jahrhundert seiner Vollendung, Köln 1980.

Dischner, Gisela: Ursprünge der Rheinromantik in England. Zur Geschichte der romantischen Ästhetik, Frankfurt am Main 1972.

Dohme, Robert: Burg Stolzenfels. Ein Führer aus dem Jahre 1850, herausgegeben vom Landesamt für Denkmalpflege Rheinland-Pfalz, Verwaltung der staatlichen Schlösser, Burgen und Altertümer, Mainz 1986.

Dollhoff, Josef: Die Kölner Rheinschiffahrt. Von der Römerzeit bis zur Gegenwart, Köln 1980.

Dumont, Franz: Die Mainer Republik von 1792/93. Studien zur Revolutionierung in Rheinhessen und der Pfalz, Alzey 1982.

Ebeling, Dietrich: Der Holländer-Holzhandel in den Rheinlanden. Zu den Handelsbeziehungen zwischen den Niederlanden und dem westlichen Deutschland

im 17. und 18. Jahrhundert, Stuttgart 1992.
Enzensberger, Ulrich: Georg Forster. Ein Leben in Scherben, Frankfurt am Main 1996.
Erasmus von Rotterdam: Vorkämpfer für Frieden und Toleranz – Ausstellung zum 450. Todestag, veranstaltet vom Historischen Museum Basel (Katalog), Basel 1986.
Faber, Karl-Georg: Die Rheinlande zwischen Restauration und Revolution, Stuttgart 1966.
Febvre, Lucien: Der Rhein und seine Geschichte, Frankfurt am Main 1994.
Först, Walter (Herausgeber): Das Rheinland in preußischer Zeit. Beiträge zur Geschichte der Rheinprovinz, Köln 1965.
Gassen, Richard W. / Holoczek, Bernhard (Herausgeber): Mythos Rhein: Ein Fluß – Bild und Bedeutung. Katalog zur Ausstellung im Wilhelm-Hack-Museum Ludwigshafen 1992.
Gassen, Richard W. / Holoczek, Bernhard (Herausgeber): Mythos Rhein: Ein Fluß in Kitsch und Kommerz. Katalog zur Ausstellung im Museum Ludwigshafen 1992.
Gothein, Eberhard: Geschichtliche Entwicklung der Rheinschiffahrt im 19. Jahrhundert, Leipzig 1903.
Graff, Martin: Von Liebe keine Spur – Das Elsaß und die Deutschen, München 1996.
Günther, Rigobert / Köpstein, Helga (Herausgeber): Die Römer an Rhein und Donau, Berlin 1975.
Halkin, Léon: Erasmus von Rotterdam. Eine Biographie, Zürich 1989.
Hansen, Joseph: Preußen und Rheinland von 1815 bis 1915. Hundert Jahre politisches Leben am Rhein. Zuerst 1918, neu herausgegeben von Georg Mölch, Koln 1990.
Hashagen, Justus: Das Rheinland und die französische Herrschaft, Bonn 1908.

Hertner, Peter: Stadtwirtschaft zwischen Reich und Frankreich. Wirtschaft und Gesellschaft Straßburgs 1650–1714, Köln und Wien 1973.

Honsell, Max: Die Korrektion des Oberrheins von der Schweizer Grenze unterhalb Basel bis zur Großherzoglich-Hessischen Grenze unterhalb Mannheim. Mit Atlas, Karlsruhe 1885.

Hoppe, Christine: Die großen Flußverlagerungen des Niederrheins in den letzten zweitausend Jahren und ihre Auswirkungen auf Lage und Entwicklung der Siedlungen, Bonn-Bad Godesberg 1970.

Hotz, Walter: Der Dom zu Worms, Darmstadt 1982.

Hübner, Paul: Der Rhein. Von der Quelle bis zu den Mündungen, Frankfurt am Main 1974; Taschenbuchausgabe 1982.

Huizinga, Johan: Erasmus. Zuerst 1924, deutsch 1928, Neuausgabe als Taschenbuch Reinbek 1993.

Irsigler, Franz: Die wirtschaftliche Stellung der Stadt Köln im 14. und 15. Jahrhundert. Strukturanalyse einer spätmittelalterlichen Exportgewerbe- und Fernhandelsstadt, Wiesbaden 1979.

Janscha, Lorenz / Ziegler, Johann: Malerische Ansichten des Rhein-Stromes von Speyer bis Düsseldorf, Köln 1971.

Jeismann, Michael: Das Vaterland der Feinde. Studien zum nationalen Feindbegriff und Selbstverständnis in Deutschland und Frankreich 1792-1918, Stuttgart 1992.

Kaelble, Hartmut: Nachbarn am Rhein. Entfremdung und Annäherung der deutschen und französischen Gesellschaft seit 1880, München 1991.

Koelner, Paul: Die Basler Rheinschiffahrt vom Mittelalter zur Neuzeit, Basel 1954.

Koltes, Manfred: Das Rheinland zwischen Frankreich und Preußen. Studien zu Kontinuität und Wandel zu Beginn der preußischen Herrschaft 1814-1822, Köln, Weimar, Wien 1992.

Kross, Siegbert (Herausgeber): Musikalische Rheinromantik, Berlin 1989.

Kubach, Hans Erich: Der Dom zu Speyer, 3. Auflage Darmstadt 1988.

Lefort, Bernard: Le Rhin. Mémoires d'Europe, Paris 1992.

Lingenhöle, Walter: Der junge Rhein. Von den Quellen bis zum Bodensee, Karlsruhe 1980.

Linke, Manfred / Stankowski, Martin: Köln – Ein rheinischer Planet, Köln 1996.

Minaty, Wolfgang: Die Loreley. Gedichte, Prosa, Bilder. Ein Lesebuch, Frankfurt am Main 1988.

Molitor, Hansgeorg: Vom Untertan zum Administré. Studien zur französischen Herrschaft und zum Verhalten der Bevölkerung im Rhein-Mosel-Raum von den Revolutionskriegen bis zum Ende der Napoleonischen Zeit, Wiesbaden 1980.

Musall, Heinz: Die Entwicklung der Kulturlandschaft der Rheinniederung zwischen Karlsruhe und Speyer vom Ende des 16. bis zum Ende des 19. Jahrhunderts, Heidelberg 1969.

Naturschutz im Rheinland, herausgegeben vom Rheinischen Verein für Denkmalpflege und Landschaftsschutz, Neuß 1993.

Ottendorf-Simrock, Walther: Die Stimme des Rheins. Der Strom im Spiegel der Dichter des 18. und 19. Jahrhunderts. Ein rheinisches Lese- und Bilderbuch, Bad Honnef 1956.

Petri, Franz / Droege, Georg (Herausgeber): Rheinische Geschichte, 4 Bde., Düsseldorf 1976 – 1982.

Radtke, Ursula: Preußische Burgenromantik am Rhein. Studien zum Wiederaufbau von Rheinstein, Stolzenfels und Sooneck (1823-1860), München 1979.

Reichelt, Günther: Laßt den Rhein leben! Strom im Spannungsfeld zwischen Ökologie und Ökonomie, Berlin 1986.

Rovan, Joseph: Zwei Völker – eine Zukunft. Deutsche und Franzosen an der Schwelle des 21. Jahrhunderts, München 1986.

Scholl, Lars U.: Als die Hexen Schiffe schleppten. Die Geschichte der Ketten- und Seilschleppschiffahrt auf dem Rhein, Hamburg 1985.

Schütz, Rüdiger: Preußen und die Rheinlande, Wiesbaden 1979.

Spycher, Albert: Reingold. Basel und das Gold vom Oberrhein, Basel 1983.

Stadt Xanten (Herausgeber): Studien zur Geschichte der Stadt Xanten. 1228-1978. Festschrift zum 750jährigen Stadtjubiläum, Köln 1978.

Stephan, Heinz: Die Entstehung der Rheinromantik, Köln 1922.

Sterzl, Anton: Der Untergang Roms an Rhein und Mosel. Krise, Katastrophe und Kompromiß im zeitgenössischen Denken, Köln 1978.

Ternes, Charles-Marie: Die Römer an Rhein und Mosel, Stuttgart 1975.

Treue, Wilhelm: 150 Jahre Köln-Düsseldorfer. Die Geschichte der Personenschiffahrt auf dem Rhein, Köln 1976.

Tümmers, Horst Johannes: Rheinromantik. Romantik und Reisen am Rhein, Köln 1986.

Tümmers, Horst Johannes: Der Rhein. Ein europäischer Fluß und seine Geschichte, München 1994.

Veit-Brause, Irmline: Die deutsch-französische Krise von 1840. Studien zur deutschen Einheitsbewegung, Köln 1967 (Phil. Dissertation) .

Vom Zauber des Rheins ergriffen ... Zur Entdeckung der Rheinlandschaft vom 17. bis 19. Jahrhundert. Katalog der Ausstellungen 1992 im Rheinischen Landesmuseum Bonn und im Mittelrhein-Museum Koblenz. Herausgegeben von Klaus Honnef, München 1992.

Wein, Franziska: Deutschlands Strom – Frankreichs Grenze. Geschichte und Propaganda am Rhein 1919 – 1930, Essen 1992.

Weinforth, Friedhelm: Armut im Rheinland. Dokumente zur Geschichte von Armut und Fürsorge im Rheinland vom Mittelalter bis heute, Kleve 1992.

Wenz, Dieter: Die Grenzen in den Köpfen. Deutschland, Frankreich und andere Probeläufe am Rhein mit vielen neuen Zeichnungen von Tomi Ungerer, Bühl-Moos 1992.

Wittmann, Heinrich: Tulla, Honsell, Rehbock. Lebensbilder dreier Wasserbauingenieure am Oberrhein, Berlin 1949.

Bildnachweis

AKG, Berlin, S. 38/39, 54, 73, 86
Archiv Gerstenberg, S. 117
Bildarchiv Preussischer Kulturbesitz, S. 80
Generallandesarchiv Karlsruhe, Inv.Nr. H. Rheinstrom/72, S. 94/95
Internationale Arbeitsgemeinschaft der Wasserwerke im Rheineinzugsgebiet, Amsterdam, S. 6
Alexander-Pascal Graf von Krockow, S. 21, 23, 59, 67, 69, 101
Öffentliche Kunstsammlung Basel, Kunstmuseum, Foto: Martin Bühler, S. 107
Privatbesitz, S. 51
Reederei Peter Deilmann, Neustadt in Holstein, S. 16
Rheinisches Bildarchiv, Köln S. 9, 29, 42, 49, 57, 60, 76, 89, 91